ALEJANDRO MAGNO

FÉLIX CORDENTE VAQUERO

Copyright © EDIMAT LIBROS, S. A.
C/ Primavera, 35
Polígono Industrial El Malvar
28500 Arganda del Rey
MADRID-ESPAÑA
www.edimat.es

Reservados todos los derechos. El contenido de esta obra está protegido por la Ley, que establece penas de prisión y/o multas, además de las correspondientes indemnizaciones por daños y perjuicios, para quienes reprodujeren, plagiaren, distribuyeren o comunicaren públicamente, en todo o en parte, una obra literaria, artística o científica, o su transformación, interpretación o ejecución artística fijada en cualquier tipo de soporte o comunicada a través de cualquier medio, sin la preceptiva autorización.

ISBN: 84-9764-567-7
Depósito legal: M-25114-2005

Colección: Grandes biografías
Título: Alejandro Magno
Autor: Félix Cordente Vaquero
Coordinador general: Felipe Sen
Coordinador de la colección: Juan Ernesto Pflüger
Diseño de cubierta: Juan Manuel Domínguez
Impreso en: Artes Gráficas Cofás

IMPRESO EN ESPAÑA – *PRINTED IN SPAIN*

Amatae amantique uxori, Hannae.

I. FUENTES

La figura del rey Alejandro III de Macedonia es, probablemente, la que ejerció un mayor atractivo sobre los hombres de la Antigüedad, prolongándose esta fascinación hasta el momento presente.

Los grandes políticos y militares que le sucedieron le tomaron, indefectiblemente, como modelo ideal a seguir, intentando emularle en la medida de sus posibilidades.

Por ello, no es de extrañar que haya sido una de las figuras más biografiadas de toda la historia, comenzando ya esta labor sus propios coetáneos.

De las innumerables historias que se escribieron sobre su persona, la mayor parte, desgraciadamente, se han perdido, principalmente las escritas por personas que lo conocieron y acompañaron en sus hazañas.

Afortunadamente, antes de perderse sirvieron, a su vez, como fuente a historiadores posteriores cuya obra ha tenido más suerte en el devenir histórico y ha llegado hasta nosotros, aunque, frecuentemente, también con importantes mutilaciones.

No nos proponemos aquí elaborar un estudio pormenorizado de los autores antiguos que se interesaron por la figura del rey macedonio, pero sí consideramos interesante reseñar, en unas breves pinceladas, los nombres de algunos de los que nos han transmitido unos datos tan imprescindibles para la reconstrucción de una vida y de toda una epopeya.

Comenzaremos por aquellos cuya obra nos ha llegado en un mejor estado de conservación para intentar bucear, después, en los que, a su vez, sirvieron a éstos de fuente. Incluimos a los siguientes:

- **LUCIO (AULO) FLAVIO ARRIANO JENOFONTE**

Es un bitinio de Nicomedia que debió de nacer entre los años 80 y 95, es decir, en el reinado del emperador Domiciano, y desarrollar su labor durante el siglo II. Estudió filosofía con Epicteto e ingresó en el senado en época de Adriano, con quien fue *consul suffectus* y *legatus Augusti propraetore* en la provincia de Capadocia, a la que tuvo que defender de las incursiones de los alanos.

Se discute si prestó también servicio como procónsul en la Bética (a raíz de un epigrama descubierto en Córdoba). Pasó largas temporadas en Atenas y debió de morir hacia el año 170.

Compuso un elevado número de obras entre las que reseñamos: *Periplo del Ponto Euxino*, que, dedicada a Adriano, describe el Mar Negro; *Contra los alanos* y *Táctica*, compuestas seguramente durante su gobierno de Capadocia; *Cinegético*, dedicada a la caza; *Bitiníacas*, sobre la historia de su país; *Párticas*, sobre las campañas de Trajano en Oriente, y la que nos interesa aquí, *Anábasis de Alejandro Magno*.

Esta obra, cuyo momento de elaboración se discute, se centra, de manera especial en la campaña de Asia, siguiendo el modelo de Jenofonte, de quien Arriano es gran admirador, como se deduce del propio título de Anábasis.

Tras una breve introducción que arranca con el asesinato de Filipo II y la pacificación de las zonas balcánica y griega, Arriano se lanza a describir una detallada narración de la empresa de la conquista del territorio persa, hasta los confines de la India y el Turquestán, contando, para ello, como fuentes, con los escritos de algunos miembros de la expedición, muy cercanos a la figura del rey.

Su obra resulta de una gran claridad expositiva, centrándose de manera especial en los aspectos técnicos, frente a la historia retórica de Curcio o la moralista de Plutarco. Se centra, por tanto, en los aspectos militares, es un tratado de historia militar en el que no tienen cabida las numerosas anécdotas, tan propias del género biográfico, que forman el núcleo esencial de la obra en otros autores, especialmente Plutarco.

Figura de Alejandro Magno. Detalle del mosaico de Alejandro del Museo Arqueológico de Nápoles.

- QUINTO CURCIO RUFO

Su vida es un completo misterio. Ni siquiera conocemos el momento de redacción de su obra *Historia de Alejandro Magno*, por lo que tenemos que bucear en las informaciones que se dejan traslucir en algunos pasajes de la propia obra.

Su alusión a un *Princeps* en Roma determina que la redacción no pudo ser anterior a Augusto y el comentario sobre la prosperidad del Imperio Parto, destruido en 226-27 por los persas de Ardashir, limitaría la última fecha posible.

La frase sobre el restablecimiento de la paz por el princeps y su continuidad en «herederos de su misma casa» hacen posible identificar a este emperador con: Augusto, Claudio, Galba, Vespasiano, Nerva y Septimio Severo, decantándose la mayor parte de la crítica moderna por Claudio o Vespasiano.

Tampoco es posible identificar con precisión al personaje, autor de esta obra, entre los numerosos que portan esos *tria nomina*.

Las opciones más lógicas se refieren a sendos personajes del siglo I, coetáneos de Plinio y Tácito (uno) y de Suetonio (el otro) que, incluso, podrían ser el mismo. Estaríamos hablando, entonces, de la segunda mitad del siglo I.

La obra comienza con la toma de Celenas y la entrada de Alejandro en Gordión, es decir, con el libro III. Los dos primeros se han perdido.

El primero debía de tratar el afianzamiento del trono por Alejandro, las campañas balcánicas y la dominación de Grecia, y el segundo narraría el paso de los Dardanelos, la batalla del Gránico y la conquista de la costa del Asia Menor.

La historia de Curcio presenta un tono más retórico que la de Arriano, con la frecuente inclusión de discursos recreados por el autor y puestos en boca de los personajes protagonistas de la escenificación de un drama.

- DIODORO SÍCULO

Natural de Agirio, Sicilia. Tampoco tenemos excesiva información sobre su vida y hemos de rastrearla en su propia obra.

Debió de nacer hacia 90 a.C. y fallecer sobre 20 a.C., transcurriendo su vida como coetáneo de César y llegando a vivir los primeros años del principado de Augusto.

Según dice él mismo, dedicó 30 años de su vida a la composición de una obra histórica de carácter universal, para lo que viajó por buena parte de Europa y Asia, viviendo en ocasiones en Alejandría y Roma, donde tuvo a su disposición enormes cantidades de documentación griega y latina.

Su obra se titula *Biblioteca Histórica* y se estructura en 40 libros (no todos conservados) que pretenden narrar todos los hechos ocurridos desde los tiempos míticos hasta su propia época.

Sigue numerosas fuentes, posteriormente perdidas, que conocemos gracias a él, y uno de sus principales logros es establecer un sincronismo entre los acontecimientos de las dos mitades del Mediterráneo (griega y latina) hasta que ambas se encuentren definitivamente.

Se inscribe dentro de la corriente filosófica estoica, que le confiere a su obra un carácter moralizante del que extraer unas enseñanzas para el futuro, un recuerdo permanente de los grandes personajes y un no olvido de las maldades cometidas.

- PLUTARCO DE QUERONEA

Natural de esta ciudad, en el noroeste de Beocia, debió de nacer entre 44 y 50, pues en 66 estudiaba con el filósofo Amonio.

De familia acomodada, recibió una esmerada educación filosófica en Atenas donde se decantó por la doctrina platónica, que le inculcó el antedicho filósofo, inclinándose por el conocimiento de la ética.

Representó a su ciudad en un asunto administrativo ante el procónsul romano en Corinto, viajó a Alejandría y, al menos en dos ocasiones, a Roma (durante los principados de Vespasiano y Domiciano respectivamente), así como por el norte de Italia.

Como buen griego, no mostró interés por aprender latín y sólo lo hizo, como él mismo comenta, a edad avanzada, cuando necesitó leer fuentes en esa lengua para la elaboración de su obra.

Vuelto a Grecia, se estableció definitivamente en su ciudad natal (aunque viajó por toda la Hélade), donde desempeñó diversas magistraturas, entre ellas las de Arconte Epónimo y Beotarca, y parece ser que Trajano lo elevó a la dignidad consular. Debió de morir poco después de 120.

De sus obras, la que nos interesa aquí es la titulada *Vidas paralelas*. Está estructurada en forma de biografías pareadas de hombres ilustres, uno griego y otro romano, para, posteriormente, establecer una comparación entre ambos personajes.

La biografía de Alejandro de Macedonia (objeto de nuestro interés) se compara, como no podía ser de otra manera, con la de Cayo Julio César, dadas las cualidades políticas y, especialmente, militares de ambos caudillos.

Plutarco no es, exactamente, un historiador, sino un filósofo; por ello, no es de extrañar que toda su obra esté repleta de intenciones moralizantes que buscan como objetivo la mejora de la condición humana. La presencia de anécdotas morales y aleccionadoras es, pues, permanente en todas sus biografías, muchas veces con muy poco o ningún rigor histórico.

• MARCO JUNIANO JUSTINO

Tampoco de este autor podemos asegurar las fechas de su vida ni su procedencia. Por diferentes indicios de su propia obra y referencias de autores posteriores se le fecha en el siglo II, como coetáneo del historiador Floro o, más comúnmente aceptado, a comienzos del siglo III.

Su obra *Epítome de las Historias Filípicas de Trogo Pompeyo* constituye un resumen un tanto desequilibrado, ya que se centra en determinados temas o no en función del interés que éstos despertaban en su época, de la obra de este autor, casi completamente perdida.

• CNEO TROGO POMPEYO

Era un galo voconcio de la Narbonensis (SE de Francia) cuyo abuelo había recibido la ciudadanía romana de Pompeyo (junto con el *nomen*) en la guerra sertoriana, cuyo tío había luchado contra Mitrídates y cuyo padre había servido a las órdenes de César.

Conocemos de él más que de Justino, gracias a las referencias que éste hace en su *Epítome*. Debió de nacer hacia 40 a.c. en esta familia romanizada y culta, pues se desprende de Justino que tiene un gran conocimiento de la lengua y cultura griegas.

Como naturalista escribió *De animalibus*, de la que conocemos fragmentos utilizados por Plinio, que lo tiene en alta consideración.

Como historiador, nos interesan las *Historias Filípicas*, perdidas y resumidas previamente por Justino, que tratan de la génesis y evolución histórica del imperio macedonio y las dinastías orientales a las que terminó dando origen. Una historia universal, en suma, pero en la que Roma no es el epicentro, como ocurre en la coetánea obra de Tito Livio.

Entre las obras perdidas que sirvieron de fuentes a estos historiadores, en los que encontramos referencias a ellas, tenemos un nutrido grupo de nombres que intentaremos ordenar de la siguiente manera:

a)   Redactadas coetáneamente a los hechos:

- EUMENES DE CARDIA y DIÓDOTO DE ERITRAS

Eran los encargados de supervisar la redacción de las «Efemérides», un diario de campaña de escaso valor literario pero, hemos de suponer, enormemente rico en aporte de datos.

- CALÍSTENES DE OLINTO

Sobrino segundo de Aristóteles y discípulo suyo. Vivió entre 370 y 327 a.C. Había escrito previamente una *Historia de Grecia* en 10 volúmenes y durante la campaña elaboró una Historia de la misma que alcanza hasta la batalla de Gaugamelas. Terminó conspirando contra el rey, a quien se enfrentó por su negativa a la proskynesis y murió encarcelado.

Su obra carece de rigor histórico y pretende enaltecer la figura del rey como campeón del helenismo contra los bárbaros, para exaltar su imagen entre los griegos.

Su panegirismo hizo que se le llegara a atribuir la novela *Vida y hazañas de Alejandro de Macedonia,* obra de un desconocido y poco culto autor del siglo III, al que se conoce como Pseudocalístenes.

b) Historiadores que escribieron tras la muerte de Alejandro:

- ARISTÓBULO DE CASANDREA

Participó en la campaña pero sin mando de tropas. Debía de ser un ingeniero militar y arquitecto, pues las misiones que se le confiaron son de tipo civil, como la restauración del mausoleo de Ciro en Pasargadas y otras construcciones.

Su obra debió de describir, incluso, las primeras campañas en los Balcanes y Grecia, así como los efectivos y recursos con que se contaba a la hora de iniciar la expedición a Asia. Siguiendo a Calístenes, hacía aportaciones de carácter geográfico, étnico, etc., sin dar absoluta preponderancia a los aspectos militares.

- PTOLOMEO LAGOS

Miembro de la nobleza macedonia, hetairos de Alejandro y colaborador de grandes capacidades militares. Terminaría siendo faraón de Egipto, tras el reparto del imperio entre los generales de Alejandro (es el iniciador de la dinastía Lágida, Ptolomeo I Sóter).

Compuso su obra tardíamente, siendo ya faraón, con sus recuerdos personales y con el apoyo de las «Efemérides».

La obra resalta las cualidades militares y religiosas de Alejandro por encima de las políticas y, a veces, deriva con facilidad hacia la autobiografía, pues está realizada desde el punto de vista de uno de los principales protagonistas de la epopeya. Es el más completo de todos para el conocimiento de temas militares, por razones obvias.

- ONESÍCRITO DE ASTIPALEA
Discípulo de Diógenes de Sínope y timonel de la flota de Alejandro. Escribió una obra titulada *Sobre la educación de Alejandro*, que parece haber tomado como modelo la *Ciropedia* de Jenofonte, ya en opinión de Diógenes Laercio. Presenta al rey como filósofo militar, con una misión civilizadora sobre los bárbaros, lo que le valió la calificación de adulador. Mezcla la realidad con sus conceptos filosóficos, lo que, frecuentemente, lo descalifica como historiador.

- CLITARCO
Nada indica que participara en la expedición. Escribió *Sobre Alejandro*, una obra muy popular a finales de la república romana y comienzos del Imperio, pero muy criticada ya en la Antigüedad (por Cicerón, Quintiliano y Estrabón, entre otros) como poco rigurosa, y con faltas al estilo y a la veracidad.

- NEARCO DE CRETA
Amigo personal del rey, fue el designado para capitanear la expedición naval que llevara a parte de los efectivos desde el Indo hasta el Éufrates.
Dejó una historia de su viaje con una descripción geo-etnográfica de la India siguiendo como modelo a Heródoto, el más apto para narrar un viaje de este tipo, en formato de «Periplo» (llega a decir que la India es un don del Indo) que será muy útil a Arriano para la composición de su *Indica*.

- CARES DE MITILENE
Chambelán de la corte de Alejandro, compuso una *Historia de Alejandro* en la que recogía principalmente descripciones de banquetes y ceremonias de todo tipo que nos son conocidas por medio de Ateneo. Las descripciones militares, políticas, etc., están completamente ausentes.

- EFIPO DE OLINTO
Escribió *Sobre el funeral de Alejandro y Hefestión*, donde critica el lujo y derroche de la corte de Alejandro.

- MEDIO DE LARISA

Trierarca de la flota macedonia, escribió una *Archaeologia de Armenia*, donde describía la conquista de este territorio, incluyendo datos sobre la vida del rey.

- POLICLITO DE LARISA

Escribió una *Historia* que se centraba igualmente en la descripción del lujo de la corte y de las maravillas de la India.

Anaxímenes de Lámpsaco, Potamón de Mitilene, Menecmo de Sicione, Antíclides de Atenas, Ninfis de Heraclea Póntica, Marsias de Pella, entre otros, completan la larga lista de los escritores que se interesaron ya en la Antigüedad por la figura de Alejandro.

II. LA MACEDONIA PREALEJANDRINA

Macedonia es la región de Grecia situada en la zona más septentrional de la península helénica, en estrecho contacto con pueblos no griegos, hasta el punto de que su helenismo fue discutido durante varios siglos.

Limita por el sur con Tesalia, el reino de Aquiles (el monte Olimpo y los montes Cambunios), entendido como el límite norte de Grecia hasta comienzos del siglo v a.c.; hacia el este, con la región de Crestonia, entre el lago Doiran y los lagos Coronea y Bolbe y, más allá, Tracia (Bulgaria), que será su zona natural de expansión y contribuirá en gran medida a su engrandecimiento.

Al norte es cerrada por el curso alto del río Axios y sus afluentes y al oeste por las cadenas montañosas del Pindo y del Grammos y por los lagos de Presba y Ocrida que la separan de Iliria (Serbia), que será, durante toda su historia, el punto débil de sus fronteras y el auténtico quebradero de cabeza de sus reyes, algunos de los cuales fallecerán luchando contra las tribus ilirias.

Esta situación determina su diferenciación del resto de Grecia, pues está claramente volcada hacia los Balcanes y sólo se asoma al mar en contados puntos del golfo Termaico. Tesalónica y Metone son los dos únicos puertos importantes de Macedonia.

A pesar de ser un país montañoso y de clima difícil, con fríos inviernos, dispone de feracísimas llanuras en la zona central, en los valles de los ríos Axios (Vardar para los eslavos que actualmente residen en la zona), Haliacmón (Vistrizza) y Strimón

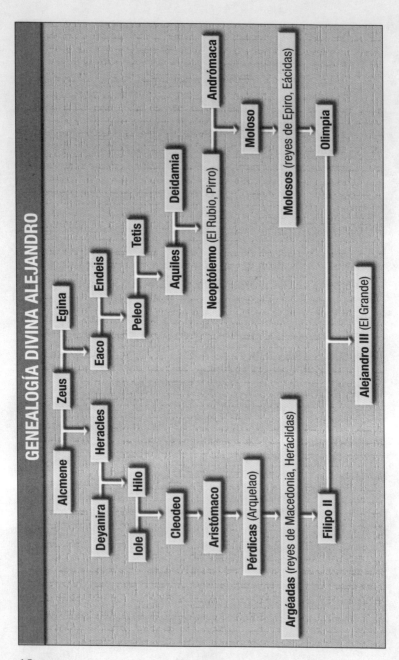

(Strumma) que sirve de frontera oriental del país y lo separa de Tracia.

En estos valles los habitantes del país desarrollarán una productiva agricultura de cereales y olivos y, especialmente, una rica ganadería de bóvidos y óvidos, en la que destacarán también los équidos, aprovechando la abundancia de pastizales en las faldas de las montañas.

Toda la zona septentrional de Macedonia es enormemente rica en bosques, poblados de abundante caza, y los lagos del noreste son ricos en pesca.

De estas características emanará, por tanto, su desarrollo industrial, basado principalmente en la exportación de maderas y elaboración de brea y alquitrán, siendo de destacar también la importancia de sus recursos mineros (incluidos metales preciosos), aunque éstos comenzarán su explotación más tarde, cuando se produzca la expansión en la orilla izquierda del Strimón, especialmente las minas del monte Pangeo.

El nombre de sus habitantes parece derivar de Makednoi (altos) no por su estatura sino por las alturas en las que viven, es decir, «montañeses», lo que lleva a pensar en un origen en el monte Pindo y un posterior desplazamiento hacia la llanura del Haliacmón y la Pieria.

Étnicamente persisten muchas dudas sobre este pueblo. Sus vecinos del norte los consideran griegos, pero los griegos los considerarán extranjeros hasta el siglo v a.C. e, incluso, aunque por motivos partidistas de política, mucho más tarde («Filipo el bárbaro» repite Demóstenes con insistencia).

Por el contrario, Heródoto y Tucídides, que consideran bárbaros a los macedonios en general, es decir, al común de la población, se esfuerzan en recalcar el ascendente griego de la dinastía macedonia recurriendo a personajes míticos.

De todo ello, inferimos que la población de este país debió de caracterizarse por una gran heterogeneidad, en la que participarían tribus de origen griego, como se desprende de aspectos idiomáticos, onomásticos, toponímicos y de determinados usos y costumbres, junto con gentes procedentes de Iliria y

Tracia, que también han dejado sus huellas en el idioma de los macedonios.

Posiblemente asistamos aquí a una mezcla en la que una o varias estirpes, de origen heleno, se imponen a las restantes familias y tribus, tanto griegas como no griegas.

En cualquier caso, durante los siglos V y IV a.C., existirá una marcada diferencia entre los macedonios y el resto de los griegos, trazada por estos últimos, pese a los esfuerzos de los monarcas, desde Alejandro I Filheleno, por incluirse en la cultura helénica, que darán como resultado la helenización general de los macedonios durante los reinados de Filipo II y Alejandro III.

En la estructura social del país encontramos rasgos comunes a la sociedad homérica pero también a las sociedades tracias de los siglos VI y V a.C.

La división del país durante el siglo VI a.C. en regiones dominadas por jefes tribales semiindependientes (y con amplísima autonomía aún en el siglo IV a.C., especialmente en las zonas occidentales del país); la concepción de la figura real como un *primus inter pares*; la existencia de una aristocracia terrateniente, los hetairoi (compañeros) del rey, y un numeroso campesinado libre y pequeño propietario; la asamblea popular entendida como asamblea militar (ciudadano = soldado) nos recuerdan en Grecia el momento de descomposición de aquella antigua sociedad tribal y su sustitución por la *polis*.

De estas estirpes de origen heleno que dominaban el territorio, pronto comenzó a destacar la de los Argéadas que se hicieron con el control de una parte de Macedonia y, poco a poco, fueron ensanchando sus dominios y unificando las jefaturas tribales bajo la autoridad monárquica, aunque ésta no fue nunca del todo hereditaria, pues era necesaria la aclamación de la asamblea militar en la elección real.

III. LOS PREDECESORES DE ALEJANDRO

Es difícil aclarar el panorama de la Macedonia anterior a comienzos del siglo IV a.c. cuando, por su creciente poderío, comienza a ser objeto de atención de los historiadores griegos y cuando aparecen sus primeros historiadores como Nicomedes de Acanto y Marsias de Pella. Para los años finales del siglo V a.c. contamos, sin embargo, con la inestimable colaboración de Tucídides, que intenta reconstruir con veracidad (en su línea habitual) la historia más antigua del país.

PÉRDICAS I, llamado Arquelao. Hijo de Témeno, el Heráclida al que correspondió el trono de Argos, tras la invasión del Peloponeso. Establece el lugar de las sepulturas reales en Vérgina y la tradición de que mientras se enterrasen allí la familia conservaría el trono de Macedonia (Alejandro se enterró en Alejandría de Egipto).

ARGEO. Marca con su nombre la ascendencia argiva de la dinastía, que reconoce el propio Tucídides. Es el decimotercer rey a partir de Heracles (según Heródoto), y poco más sabemos de él salvo que debió de vivir hacia 650-620 a.C.

FILIPO I. Es hijo del anterior y sobre su reinado sólo sabemos que debió de terminar, con su muerte, hacia 590 a.C.

AEROPO I (590-560 a.C.).

ALCETAS (muerto hacia 530 a.C.).

AMINTAS I (540-498 a.C.). Mantuvo buenas relaciones con el tirano de Atenas, Pisístrato. Macedonia reconoce temporalmente su dependencia del Imperio Persa.

ALEJANDRO I FILHELENO (498-454 a.C.). Es el primer gran rey de Macedonia y el auténtico creador del reino. Aliado de Persia durante las guerras médicas, intentará borrar este recuerdo favoreciendo la cultura griega, ayudando a las *poleis*, colaborando en la conservación de los santuarios, etc. Fue admitido en los Juegos Olímpicos, lo que supone su carta de naturaleza como heleno. Intenta la consolidación del poder real y la extensión de sus dominios apoderándose de la margen derecha del río Estrimón. Comienza la acuñación de moneda propia como resultado del considerable desarrollo de las actividades mercantiles y financieras, provocado por la conquista de la región argentífera de Bisaltia, situada en la margen derecha del curso bajo del Strimón. Su política marcará el camino a seguir por sus sucesores. A su muerte reparte el reino entre sus tres hijos.

PÉRDICAS II, ALCETAS Y FILIPO (454-414 a.C.). Desde 435 a 414 a.C., Pérdicas reina solo. Política antiateniense en la guerra del Peloponeso, ante el peligro que supone la expansión ateniense en la zona (fundación de Anfípolis, ingreso de Metone en la liga de Delos), que le sirve para desembarazarse de su hermano Filipo y cohesionar el reino.

ARQUELAO (414-399 a.C.). Hijo del anterior. Realiza reformas tendentes al afianzamiento del poder real y la consolidación del reino. Tucídides (II, 100, 2) dice que construyó las fortificaciones de Macedonia, trazó caminos rectos, organizó el ejército (reformando la caballería, los armamentos y demás implementos bélicos). Organiza el país en circunscripciones territoriales, muy útiles para la leva militar. Traslada la capital del estado desde Aigeai, en la montaña, a Pella, en la llanura y más cerca de la costa y del resto de Grecia. Atrae a Macedonia a prohombres de la cultura griega, como el pintor Zeuxis y el tragediógrafo Eurípides. Sustituye la política antiateniense de su padre (ya abandonada en los últimos años de éste) por la colaboración, de la que ambos sacan beneficio: Atenas le ayuda a dominar las rebeliones de ciudades macedonias y Macedonia abastece a Atenas de madera para la construcción naval y de provisiones para la flota, razón por la que en 407 a.C. los atenienses otorgaron a Arquelao el título de *proxenos* y *evergetes* (huésped y benefactor). Tras su asesinato se abre una etapa de anarquía política en la que se suceden cuatro reyes en seis años.

ORESTES.

AEROPO II.

AMINTAS II (EL PEQUEÑO).

PAUSANIAS.

AMINTAS III (393-370 a.C.). Reconstrucción del reino y del poderío macedonio en el norte de Grecia. Con ayuda de las ciudades de la Calcídica rechaza la invasión iliria, que había llegado a ocupar gran parte de Macedonia. Establece una alianza con la liga calcídica que fracasa a causa del intento, por parte de Olinto, de incluir en ella a las ciudades griegas de la costa macedonia. Busca la alianza de Esparta y, con ella, somete a los calcidios, muchas de cuyas ciudades ingresan en la liga espartana. Para contrarrestar el poder espartano establece un tratado con Atenas hacia 375 a.C. El país comienza a tener peso en los sistemas políticos de alianzas de las poleis.

ALEJANDRO II (370-369 a.C.). Prosigue la labor de su padre, invade Tesalia y se apodera de Larissa y Cranón, pero debe evacuarla ante la presión de los tebanos de Pelópidas, con quien firma un tratado que incluye a su hermano Filipo como rehén en Tebas. Su reinado es rápidamente interrumpido por el asesinato, tras una conjura palaciega en la que figura su propia madre (fue asesinado por Ptolomeo de Aloro, tutor de sus dos hermanos y amante de su madre Eurídice).

PÉRDICAS III (369-359 a.C.). Hermano de Alejandro, continúa el trabajo de recuperación del poder real frente a los grupos de poder del país. Hábil diplomático, ayuda a Atenas en su lucha contra los calcidios para debilitar a Olinto, pero cambia de política cuando Atenas intenta resucitar su hegemonía en Calcídica ocupando Anfípolis, con quien se aliará Pérdicas. Sanea las finanzas del reino con ayuda del ateniense Calístrato, que mejora y aumenta los ingresos aduaneros. Fallece durante la lucha contra los ilirios, aplazándose así el contencioso con Atenas.

AMINTAS IV (359-355 a.C.). Niño a la muerte de su padre, ejerce, durante cuatro años, la regencia su tío Filipo hasta que en 355 a.C. lo destrona y ocupa su lugar.

FILIPO II (355-336 a.C.). Es el hermano menor de Alejandro y Pérdicas y, por ello, el encargado de ejercer la regencia de su joven sobrino Amintas, y ya entonces se encuentra con los eternos problemas de Macedonia: peonios, ilirios, calcidios, atenienses y tracios.

Filipo soborna a peonios y tracios para que abandonen a los pretendientes rivales a los que apoyaban, y lo mismo hace con los atenienses (el precio de estos últimos, Anfípolis). De esta manera puede concentrar su enegía en derrotar estrepitosamente a los ilirios en la llanura de Monastir fijando definitivamente (temporal en realidad) la frontera del reino y engullendo las regiones semiautónomas occidentales de Macedonia.

Su interés prioritario es reformar el ejército macedonio y convertirlo en una máquina bélica imparable (como el de Pelópidas y Epaminondas, que ha visto en su juventud como rehén en Tebas). Es un ejército no muy numeroso (10.000 hoplitas y 600 jinetes en la expedición contra los ilirios, que luego irá aumentando hasta los 30.000 hoplitas y un 10 por ciento más de jinetes), pero altamente preparado en armamento y tácticas.

La base del ejército es la infantería pesada, organizada en falanges, como en el resto de Grecia, pero con una serie de innovaciones, obra del propio Filipo.

La falange consta de 64 batallones llamados syntagmas, cada uno de los cuales está bajo el mando de un syntagmatarca, y con un total de 256 hombres.

Cada syntagma está compuesto por 16 filas, llamadas lochoi, de 16 hombres en fondo cada una. El primer hombre de cada fila, lochagos, manda su fila y tiene como segundo en el mando al último hombre de su fila, ouragos.

También existe un jefe de media fila, hemilochites, cuya principal misión es hacer avanzar la media fila hasta situarse al costado izquierdo de su jefe de fila formando así un syntagma de 32 hombres de frente por ocho de fondo. Asimismo existe también un jefe de cuarto de fila llamado enomotarca.

Las filas se agrupan por pares, bajo el mando del jefe de la fila derecha, llamado dilochites. Los pares se agrupan de dos en dos, bajo el mando de un tetrarca, que es el jefe de la fila derecha.

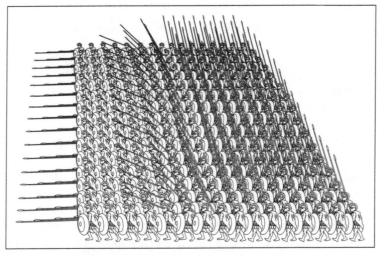

Un syntagma (256 hombres), la unidad táctica más pequeña de la falange macedónica.

25

También se agrupan de cuatro en cuatro, bajo el mando de un taxiarca, que es el jefe de la fila derecha.

Treinta y dos syntagmas forman un ala, llamada keras, mandada por un kerarca, y dos alas forman la falange mandada por un strategos.

El arma principal de la falange macedonia es la sarissa, una pica de unos 6 a 6,5 m de longitud que deben manejar con ambas manos.

En los desplazamientos se portan perpendiculares al suelo y, al entrar en acción, se van inclinando progresivamente, de modo que las de las cinco primeras filas sobresalen por delante de la formación creando un terrible e infranqueable muro.

Mientras, los restantes se mantienen en diferente nivel de inclinación, próximas a la horizontal las de las filas 6, 7 y 8 y verticales las ocho restantes, creando una cubierta superior antiproyectiles y estando en disposición de ir bajando la inclinación a medida que hay que adelantar puestos en la fila para cubrir las bajas que se van produciendo.

En caso de necesidad de ampliar el frente, los jefes de media fila avanzan y el syntagma queda con un frente de 32 hombres por un fondo de ocho. Lo mismo puede ocurrir con los jefes de cuarto de fila y, en ese caso, el syntagma tendría un frente de 64 hombres por un fondo de cuatro, lo que resulta sumamente escaso para la operatividad de la unidad (casi no hay filas para formar el muro de sarissas y, por supuesto, no hay reservas para ir cubriendo bajas), por lo que hemos de suponer que este último dispositivo sólo se usaría en casos desesperados.

La falange podía disponer sus syntagmas frente al enemigo de maneras muy diversas. La más sencilla es la línea frontal, recta, paralela al frente enemigo, que produce un choque de igual a igual. Es la manera tradicional de choque en los ejércitos de las viejas poleis griegas.

También puede adoptar la línea oblicua, la famosa táctica de la falange oblicua, ideada por el tebano Epaminondas, tan admirado por Filipo, y que tan buen resultado dio a Tebas en los campos de Grecia (Leuctra), hasta que se encuentre en Queronea con la versión mejorada por los macedonios.

Tradicionalmente se entiende que el lado fuerte de una formación cerrada es el izquierdo, por ser el lado del escudo. El hoplita cobija tras su escudo la mitad izquierda de su cuerpo y la mitad derecha del compañero de su izquierda, mientras protege la mitad derecha de su cuerpo tras el escudo del compañero de su derecha.

El primer hombre de la derecha no tiene quien le proteja la mitad derecha de su cuerpo, por lo que es necesario colocar en este lugar a los hombres más valientes y esforzados, de manera que la formación quede compensada.

Pues bien, a Epaminondas se le ocurrió hacer justo lo contrario: colocar a los mejores soldados, los más duros y aguerridos, en el lado izquierdo de la formación, el del escudo, el lado fuerte, de manera que siempre tendría las de ganar en el choque contra el lado derecho enenmigo.

El problema es que el lado derecho, el débil, cuenta además con los peores hombres, por lo que, lógicamente, llevaría las de perder en el choque contra el lado izquierdo enemigo.

Para contrarrestar este inconveniente la solución requiere no chocar paralelamente al frente enemigo sino en oblicuo, de manera que nuestro reforzado lado izquierdo trabe contacto con la derecha enemiga y se encargue de desmantelarla antes de que nuestro lado derecho llegue a contactar con la izquierda enemiga.

Al perder uno de los flancos, la formación enemiga queda desequilibrada y con poca capacidad de maniobra; el resto es cuestión de rematar, para lo que resulta extremadamente útil la caballería, innovación esta introducida por los macedonios (Queronea).

Este tipo de tácticas admiten muchas variaciones, como las formaciones curvas (en media luna), triangulares (en cuña abierta) o cuadradas (en cuadro abierto).

Esta formación presenta, sin embargo, dos inconvenientes: la excesiva longitud de las sarissas dificulta los giros, siendo necesario, para realizarlos, levantarlas, con lo que la formación se hace vulnerable, y la necesidad de manejarla a dos manos obliga a que el escudo tenga que ser más pequeño de lo normal, con la consiguiente disminución de la seguridad.

A pesar de ambos problemas, la falange macedonia se mostrará durante varios siglos como la mejor y más efectiva unidad de infantería y sólo cederá, ya a comienzos del siglo II a.C., ante la más flexible y móvil formación de los manípulos romanos de Flaminio y Emilio Paulo.

No obstante, y para contrarrestar ambos inconvenientes, era necesaria la caballería, así que en Macedonia también experimentará una importancia superior a la del resto de Grecia.

Ésta continúa siendo un cuerpo de élite formado por los hetairoi, los compañeros, del rey. Alejandro la reorganizará en cinco hipparchies mandadas por un hiparca (que será la unidad base de la caballería a partir de entonces), divididas cada una en ocho ilai (escuadrones) mandados por un ilarca. Dos alas de caballería, con cuatro hipparchias cada una, sería el contingente montado ideal de un ejército según el tratadista Asclepiodoto. Un escuadrón de 300 jinetes escogidos forma la guardia personal del rey.

En cuanto a sus tácticas, los macedonios abandonarán la clásica formación de la caballería griega, en cuadrado de 16 jinetes al frente y 8 en fondo, y adoptarán la táctica tesalia de formación romboidal (más apta para romper el frente enemigo), modificándola en una formación triangular que cumple la misma finalidad.

Así mismo, Filipo crea algo novedoso en Grecia: un reglamento militar donde se recogen normas de actuación, castigos, recompensas, normas para la asignación del botín, normas de tipo moral (protección a los civiles), etc.

Para una política de poder a gran escala era necesaria también una flota, sobre todo entonces que Macedonia se asomaba al Egeo y aspiraba a dominar la Calcídica y enfrentarse con Atenas por la hegemonía de la zona. Filipo construyó la flota, pues dispone de las materias primas necesarias (maderas, brea, etc.), y se apoderó de los puertos necesarios para fondearla: Anfípolis, Pidna, Potidea y Metone.

Su victoria sobre los tradicionales enemigos de Macedonia —ilirios, tracios y peonios—, con el respaldo de Atenas, le proporciona lo único que le faltaba: un rico distrito aurífero, en la zona del monte Pangeo, en torno a Crénidas (a partir de ahora llamada Philipoi), que le aporta el caudal necesario para su política de altos vuelos.

Los enfrentamientos bélicos entre tebanos y focios que tienen como excusa el santuario délfico (en realidad la hegemonía sobre Grecia central), conocidas como guerras sagradas, dan a Filipo la oportunidad de intervenir más abiertamente en Tesalia, presentándose en las Termópilas, con la consiguiente alarma por parte de Demóstenes.

En 349-48 a.C. Filipo se dedica a reforzar su retaguardia, asegurando el control sobre Epiro y el norte de Tesalia y enviando mensajeros al Gran Rey. Esto le permite dirigirse contra la Calcídica, cuyas ciudades van cayendo, una a una, en su poder (Olínticas de Demóstenes) hasta que la liga desaparece y su territorio es absorbido por Macedonia.

En 346 a.C., y en medio de las negociaciones con Atenas (embajada de Demóstenes y Esquines), Filipo se apodera de Tracia. Finalmente, su victoria en la Guerra Sagrada provoca el desmantelamiento de las ciudades fócidas, la transferencia de los dos votos focios en el Consejo Anfictiónico de Delfos a Filipo y la presidencia para éste de los Juegos Píticos; en resumen, se convierte en el árbitro de Grecia.

Comienza a desarrollarse en Grecia, y en Atenas en particular, un partido filomacedónico, que propone la unión de todos los griegos, en torno al rey de Macedonia, para realizar la lucha contra los bárbaros; algo en lo que ha fracasado Atenas (y, tras ella, Esparta y Tebas). Así lo expone Isócrates en su philipos, pero esta idea será permanentemente contestada por el partido antimacedonio de Demóstenes.

Esta paz es aprovechada por las dos partes para reforzar sus posiciones y así, mientras Atenas establece alianzas con Corinto, Argos, Mesenia y Arcadia, Filipo impone en el trono de Epiro a su cuñado Alejandro, reorganiza Tesalia, dominándola por completo (se hizo nombrar arconte de la liga tesalia), y amenaza las ciudades griegas del Quersoneso y del Helesponto, incluidas las klerouchias atenienses.

Pero el conflicto definitivo volverá a estallar en Grecia central y, nuevamente, bajo la forma de guerra sagrada, esta vez contra los locrios, cuya dirección es encargada por el Consejo Anfictiónico a Filipo. Éste debe moverse por Grecia central, lo que alarma a los tebanos, que se dejan convencer por Atenas (con grandes concesiones) para romper su alianza con Filipo y formar con ésta un frente antimacedonio.

El 2 de abril de 338 a.C. tiene lugar el choque final en la llanura de Queronea. El propio Filipo dirige el ataque contra el ala derecha aliada, dejando a su hijo Alejandro, de dieciocho años, el encargo (nada fácil) de deshacer, con la caballería pesada, el batallón sagrado tebano.

La derrota aliada fue completa. Los macedonios ocuparon Tebas y disolvieron la liga beocia. Atenas mantiene su integridad y sus klerouchias a cambio de renunciar a su sistema de alianzas propio e ingresar en el que está creando Filipo.

En 337 a.C., Filipo convoca en Corinto a representantes de todos los estados con el objetivo de firmar una paz general y una alianza que tuviera como fin la lucha contra el enemigo de siempre: Persia.

La alianza militar (symmachía), formada por todos los griegos, excepto Esparta, está dirigida por el synedrion de los helenos, que decide la guerra, realiza las levas y actúa de árbitro entre sus miembros. La dirección de las acciones bélicas se encomiendan al hegemón de la liga que, naturalmente, es el rey de Macedonia. La presencia de guarniciones macedonias en las principales poleis garantiza la lealtad de éstas a la liga.

En 336 a.C., a la edad de 46 años, cuando celebraba el matrimonio de su hija Cleopatra con el rey Alejandro el Moloso de Epiro, Filipo II fue asesinado en Aigeai por un tal Pausanias (quizá inducido por parte de la nobleza macedonia y su propia mujer Olimpia), dejando todos estos logros y la enorme misión aún por realizar en manos de su, con permiso de la asamblea militar, heredero: Alejandro.

IV. INFANCIA Y ADOLESCENCIA

En octubre del año 356 a.c. el rey de Macedonia, Filipo II, se encontraba en plena campaña bélica contra los peonios, tradicionales enemigos del norte, cuando comenzaron a llegarle heraldos portadores de malas y buenas noticias. Se le comunicaba el incendio, provocado por un loco, en el Artemision de Éfeso, que acabó con una de las siete maravillas del mundo antiguo; la victoria del general Parmenión sobre una tribu iliria; la victoria de una de sus cuadrigas en los Juegos Olímpicos y el nacimiento de su tercer hijo varón, habido de su matrimonio con la epirota Olimpia, al que llamará Alejandro.

La victoria de Parmenión viene a confirmar su poder en el norte de Grecia. La victoria en los juegos le certifica como heleno de pleno derecho, pero el nacimiento de Alejandro plantea nuevos interrogantes sobre la sucesión, pues Filipo, de 26 años, tiene ya dos hijos: Karanos, hijo de una noble macedonia, y Arrideo, hijo de una noble tesalia, zona de vital interés para el rey en este momento.

En cuanto al incendio, Hegesias de Magnesia, que escribió una biografía de Alejandro en el siglo III a.c., lo justifica mediante el atareamiento de Artemis al asistir al parto de Alejandro, un chiste malo, que nos transcribe Plutarco.

Sin embargo, para nosotros, es sumamente interesante esta coincidencia, pues la noticia de la tragedia de Éfeso nos permite fechar el nacimiento del joven príncipe en el año 356 a.C., y su coincidencia con la celebración de los Juegos Olímpicos nos permite afinar que este nacimiento debió de tener lugar en la primera mitad del mes de octubre.

Plutarco dice, en su biografía de Alejandro, que nació el 6 de Hecatombeion, el mes ateniense al que los macedonios llaman

Alejandro Magno, cabeza hallada en Turquía.

loios (lo que lo situaría en junio-julio), pero Demóstenes hace coincidir este loios con el ateniense mes de Boedromion, septiembre-octubre, lo que vendría a encajar con la celebración de los Juegos Olímpicos, que comienzan el plenilunio más próximo al equinoccio de otoño, que para el año 356 a.C. se ha calculado en el día 27 de septiembre.

Según esta teoría, los caballos de Filipo habrían obtenido su victoria en Olimpia hacia el 30 de septiembre y el mensajero habría tardado en llevarla de Olimpia al valle del Axios (Vardar), en la actual república eslava de Macedonia (cerca de Titov Veles, aproximadamente 900 km), unos diez días. Admitir la coincidencia en fechas de la llegada de ambas noticias supone que debemos descontar los tres días que un mensajero tardaría en llegar desde Pella o, más probablemente, Aigeai al país de los peonios, lo que nos daría como fecha del nacimiento del príncipe el día 7 de octubre de 356 a.C.

Esto, a su vez, encajaría con el desencadenamiento de la tormenta otoñal de truenos y relámpagos que tuvo lugar durante el parto, comunes en Macedonia en octubre, y que los antiguos interpretaron como inequívoca señal de la presencia y participación de Zeus en todo lo referente a la vida del joven.

Tampoco existe certeza sobre el lugar de su nacimiento. Los historiadores posteriores mantienen que fue en Pella, la nueva capital del estado macedonio, pero surgen varias dudas sobre el particular.

Los impresionantes restos del palacio real parecen ser posteriores a Alejandro y, por otra parte, Pella, en la llanura, se caracteriza por su insalubridad; es una zona de paludismo endémico (producido por sus aguas estancadas) que todavía estaba en pleno vigor en la Primera Guerra Mundial (donde provocó gran número de bajas), lo que hace pensar que la reina Olimpia quizá prefiriera alumbrar en una zona más saludable, en la montaña, y, como la residencia real de Vergina, se encontraba entonces en proceso de reconstrucción, tras el hundimiento de algunas de sus estancias, lo más probable es que escogiera la antigua capital, origen de la dinastía argéada, Aigeai.

Sí sabemos que su padre fue el rey Filipo II, aunque, en este extremo, también tenemos otras versiones para escoger, producto, evidentemente, del afán propagandístico.

Plutarco nos cuenta que en la noche de bodas de Filipo, tras una tormenta de truenos, un rayo cayó sobre el vientre de Olimpia, encendiendo un gran fuego que luego se dividió y esparció por todas partes hasta desaparecer. Filipo soñó que sellaba el vientre de su mujer y que el sello tenía grabada la imagen de un león. Consultado el oráculo délfico, le aconsejó que venerase a Amón especialmente entre todos los dioses y es fama, incluso, que perdió el ojo por observar, por una rendija, la relación de su mujer con el dios en forma de dragón. No olvidemos que en el sincretismo religioso grecoegipcio Zeus se emparenta con Amón en muchas de sus cualidades.

El Pseudocalístenes, un desconocido autor del siglo III, que escribió una novela de aventuras sobre Alejandro, lo hace hijo de Nectanebo II, el último faraón independiente que, expulsado por los persas, se estableció en Macedonia, donde se dedicó a la magia y tuvo relaciones con la reina Olimpia, haciéndole creer que se trataba del dios Amón.

Cuando los azarados egipcios preguntaban en el Serapeum por la suerte de su rey la respuesta era invariable: «Ese rey viejo regresará rejuvenecido y someterá a nuestros enemigos los persas». La propaganda no puede ser más evidente. Este autor recoge testimonios anteriores que buscan justificar el dominio sobre Egipto de Alejandro y, posteriormente, de los Lágidas.

De lo que sí estamos seguros es de que su madre era la princesa epirota Olimpia, hija del rey Neoptólemo y hermana de Alejandro el Moloso, una mujer semibárbara, entregada a todo tipo de cultos mistéricos (entre ellos los órficos), siempre rodeada de serpientes (de ahí algunas de las historias de dragones y serpientes como formas que adopta Amón para yacer con ella) que llegaron a provocar su rechazo por Filipo, a quien, en alguna ocasión, se las introdujo en el tálamo.

Éste fue un matrimonio de conveniencia. Una princesa huérfana, con un trono que reclamar en un país vecino, que conviene sea aliado, en una sociedad agrícola y, sobre todo, pastoril era una buena inversión. Las prácticas piadosas de Olimpia y los posteriores matrimonios de Filipo se encargaron de deteriorar la relación hasta el extremo de que seguramente Olimpia no fue ajena a su asesinato, ya que su primera medida fue ordenar el asesinato de la última esposa de Filipo, Cleopatra, y de su hija Europa.

La crianza del joven príncipe es encargada a una tal Hellenike (Lanice), perteneciente a la alta nobleza macedonia, quizá de origen griego (como parece indicar su nombre), quien tenía un hermano menor, Clitos el Negro, que posteriormente será jefe del escuadrón real, mano derecha, amigo y víctima de Alejandro.

Durante sus primeros años de vida convive con sus parientes y demás niños de la nobleza en Aigeai, Edessa y Pella compartiendo los juegos habituales de la época: dados, canicas, tabas, carreras, escondite, etc.

Se encarga su educación a Leónidas, hombre de costumbres austeras, rayanas en el estoicismo, quien intenta atemperar su carácter con fuertes ejercicios físicos matutinos, lecciones bien trabajadas y aprendidas con esfuerzo, comidas frugales, religiosidad rigurosa y nada de lujos. Plutarco dice que el propio Alejandro comenta a uno de sus biógrafos que Leónidas le registraba los cofres para eliminar cualquier objeto lujoso introducido allí por su madre.

Su educación es, desde el principio, bilingüe y, así, se expresará en perfecto ático con los embajadores extranjeros y en macedonio con mezcla de tesalio y epirota con sus aguerridos soldados y con los pastores de sus montañas natales.

En su formación tiene especial importancia la forma física, por lo que su tutor se esfuerza en adoctrinarlo y ejercitarlo en la lucha, las carreras, el lanzamiento de jabalina y los saltos de altura y longitud y, de manera especial, la equitación: el arte de comprender a los caballos (montarlos, hablarles, cuidarlos, apreciarlos y, como resultado, domarlos) es de capital importancia para un futuro comandante de caballería, el puesto donde Filipo comenzó a darle oportunidades.

Plutarco nos cuenta, a este respecto, que en una ocasión un noble tesalio (la tierra de la mejor caballería griega) trajo un soberbio ejemplar para vendérselo a Filipo. El caballo sólo tenía un defecto: era «áspero y enteramente indómito», no obedecía ni permitía que se le acercaran, por lo que Filipo decidió devolverlo.

El joven Alejandro se quejó de que era una lástima perder tal animal por no saber manejarlo y, como lo repitiera varias veces, Filipo decidió darle una lección encargándole su doma con la pena de pagar su precio si no lo conseguía.

Alejandro se acercó a él, lo puso de cara al sol (ya que había observado que se espantaba con su propia sombra), le habló, lo acarició, lo montó, lo condujo con maestría, sin castigarlo, y finalmente galopó con él, regresando al lugar de origen.

Alejandro se convirtió en propietario del caballo, al que llamó Bucéfalo, por tener en la frente una mancha blanca con la forma de una cabeza de buey. Los soldados miraron, desde entonces, con sumo respeto al joven príncipe y Filipo exclamó: «Busca, hijo mío, un reino igual a ti, porque en Macedonia no cabes».

Alejandro era un excepcional atleta, pero nunca gustó de competir, pues entendía que sólo debía hacerlo con rivales de equiparable categoría, en cuanto a dignidad real y en valía personal.

Pero la formación ideal de un joven ateniense (modelo de educación en el siglo IV a.C.) no puede descuidar la música, la poesía, la lectura, la escritura y las matemáticas.

Para cada uno de estos objetivos cuenta con una pléyade de educadores, entre los que destacará de manera especial Lisímaco, a quien Alejandro llama Fénix, que lo introduce en el mundo homérico con la lectura de la Ilíada. Esta obra se convertirá en el libro de cabecera de Alejandro, por su ensalzamiento de las virtudes castrenses, y su protagonista, Aquiles (uno de sus antepasados), en el modelo ideal a seguir durante toda su vida.

Filipo, comprendiendo el carácter vehemente pero razonable de su hijo, decidió persuadirle en lugar de ordenarle y, para tener a su disposición el maestro necesario para tal discípulo, decidió llamar a la corte macedonia al mejor filósofo del momento, Aristóteles, a quien convenció, entre otras recompensas, con el restablecimiento de su ciudad natal, Estagira, ciudad de la liga calcídica arrasada por Filipo en 348 a.C.

Con el apoyo del rey, el filósofo abrió su escuela en Mieza, al suroeste de Pella, y a ella acudieron todos los jóvenes de la nobleza macedonia, «aconsejados» por Filipo.

El plan de estudios de Aristóteles era de cinco años, pero, por razones de estado, Alejandro se vio obligado a condensarlo en sólo dos, pues Filipo requirió su ayuda poco después.

No obstante, este lapso fue suficiente para que Alejandro adquiriese notables conocimientos de filosofía, ética, política, física, metafísica y medicina (él mismo prescribía remedios a sus amigos enfermos) y una gran admiración y respeto por Aristóteles que no perdería nunca, si bien su amistad pareció enfriarse un poco con el paso de los años.

Sólo conocemos su imagen física por los retratos escultóricos de Lisipo a quien, junto con el pintor Apelles, consideraba el único digno de representarlo.

Su retrato psicológico, sin embargo, nos lo transmiten infinidad de autores y, así, Justino (que nos transcribe la perdida obra de Trogo Pompeyo) lo considera mayor que su padre en virtudes y vicios:

Aquél dirigía las operaciones con astucia, éste en campo abierto; aquél presumía de engañar a los demás, éste de vencerlos a la vista de todos; aquél más prudente, éste de ánimo más elevado; aquél disimulaba su ira y frecuentemente la vencía, éste no aplazaba la venganza ni era moderado en ella; ambos aficionados al vino pero mientras aquél se volvía arriesgado, buscaba a los enemigos y volvía herido, éste se lanzaba contra los suyos y, a veces, se convertía en su verdugo; aquél no quería reinar con amigos, éste ejercía el poder sobre ellos; aquél prefería ser amado, éste temido; aquél más ingenioso, éste más leal; aquél más moderado en las palabras, éste en los actos; aquél más frugal, éste más acomodado y también más inclinado al perdón de los vencidos y más honrado.

Desde muy pronto Filipo reconoce la valía de Alejandro y comienza a contar con él para las labores de gobierno, donde Alejandro da siempre muestras de gran inteligencia y madurez, madurez que impresionó a los embajadores del Gran Rey que, en ausencia de Filipo, fueron atendidos y agasajados por él.

Con 16 años queda a cargo del reino mientras su padre guerrea contra Bizancio, lo que aprovecha para vencer a los nunca tranquilos vecinos orientales y fundar Alexandrópolis, la primera de las muchas ciudades que llevarán su nombre.

Pero, sin duda, su espectacular entrada en la escena político-militar de Grecia tuvo lugar en 338 a.C., cuando Macedonia se enfrentaba en Queronea a una coalición de atenienses y tebanos donde se jugaba, a una carta, todos los esfuerzos de Filipo, y aun de sus antecesores, por crear un estado hegemónico, y Alejandro recibe de su padre la orden de ponerse al frente de la caballería, con el encargo de desarticular la mejor tropa de Grecia, el Batallón Sagrado de Tebas.

Esta unidad era una fuerza de choque creada por Pelópidas y constituida íntegramente por homosexuales que formaban pares y luchaban cada uno por su pareja hasta el final. Su cohesión era tal que la única forma de vencerlos era el exterminio total, por lo que durante más de 30 años había resultado ser absolutamente invencible.

La vida privada de Filipo, como ya sabemos, acarrearía su trágico final. Tras el matrimonio con Olimpia había contraído nuevas nupcias con Nikesípolis de Faro y, posteriormente, con Medea; pero la situación se tornó irreversible cuando Filipo se casó con Cleopatra (tras divorciarse legalmente de Olimpia) de la que, además, tuvo más descendencia, lo que complicaba las posibilidades de herencia del reino.

Plutarco nos transcribe, a este respecto, un incidente que tuvo lugar con ocasión de la boda de Filipo con Cleopatra, su séptima esposa. Durante la celebración, Atalo, tío de la novia, brindó por el futuro nacimiento de un heredero legítimo para el trono. Tras la pregunta de: «Entonces, ¿qué soy yo, un bastardo?», hecha por Alejandro, éste arrojó su copa a Atalo.

Filipo se puso en pie, echando mano a la espada, para acometer a Alejandro, pero los efectos del vino le hicieron caer al suelo, acompañado por el comentario de Alejandro: «He ahí al hombre que pretende pasar de Europa a Asia y no es capaz de pasar de una cama a otra sin acabar en el suelo».

Olimpia, una mujer rencorosa y vengativa, veía amenzada su posición, y hasta su vida, por los parientes de las nuevas esposas de Filipo y, por ello, comenzó inmediatamente a conspirar contra el rey, maniobras a las que no era extraño el rey persa que, conocedor de los planes de Filipo para Asia, veía peligrar gravemente su reino y su propia persona.

El desenlace se produjo de forma inesperada en 336 a.c. durante la boda de Cleopatra (hija de Filipo y Olimpia y hermana de Alejandro) con su tío (hermano de Olimpia) Alejandro el Moloso, a quien Filipo había establecido en el trono de Epiro en detrimento de Arribas (tío de Alejandro el Moloso y Olimpia). Durante la fiesta, un tal Pausanias, perteneciente a la guardia del rey, lo asesinó. En la conjura parece verse con nitidez la mano de Olimpia y la de Persia, pero no así la de Alejandro, a juzgar por su posterior comportamiento recriminatorio hacia su madre (que había eliminado inmediatamente a Cleopatra, esposa de Filipo, y a su hija Europa) y por la admiración que parece haber mantenido siempre hacia su padre (a quien sólo recriminaba que no iba a dejarle ninguna hazaña por acometer ni gloria por conquistar para él mismo).

Esta situación se produce cuando Alejandro cuenta 20 años de edad e, inmediatamente, comienzan a plantearse los problemas que eran de esperar: los irreductibles vecinos norteños de Macedonia, el deseo de libertad de los griegos y la persona que debe heredar a Filipo.

En este último punto, Alejandro tiene casi todo el camino hecho, pues su formación y capacidad militar, ya demostrada, así como su enorme popularidad entre las tropas hace que el ejército le sea favorable, a lo que hemos de unir la escasa oposición de sus hermanos: Karanos será inmediatamente eliminado en 336 a.C. y Arrideo es de salud débil y él mismo experimenta una tremenda admiración hacia su hermano menor.

Antípatro convoca a la asamblea militar, según la costumbre (nomos) de los macedonios, y en octubre de 336 a.C. ésta, arengada hábilmente por Alejandro y sus hetairoi, proclama a éste «rey de los macedonios» por sus merecimientos personales y ante la ausencia de rivales. Por este contrato, Alejandro se compromete a asumir y defender los cultos patrios, conducir al ejército a la victoria, ser justo en el reparto del botín y ampliar y mejorar el país y, de no hacerlo así, la asamblea no estaría obligada a seguirlo como rey.

Tras las honras fúnebres dispensadas a Filipo y su enterramiento en Palatitsa (Vergina) en una impresionante sepultura que las excavaciones del doctor Andrónikos parecen haber sacado a la luz en 1977, Alejandro procede a hacer justicia con todos los supuestamente implicados en el complot (ocasión ideal para desembarazarse de potenciales enemigos).

Entre los que caerán tras Pausanias, el asesino previamente ejecutado, contamos a Karanos, hermano de Alejandro y posible rival al trono; Amintas, el antiguo y destronado rey Amintas IV (hijo de Pérdicas III a quien su tío y tutor Filipo había arrebatado el trono) y esposo de Kinna, hija de Filipo; Atalo, tío de Cleopatra (la última esposa de Filipo); Arrabaios y Heromenes de Lincéstide, cuya familia fue acusada colectivamente de haber participado en el complot y, en suma, todos aquellos que, en opinión de Alejandro, o, más justamente, de Olimpia, eran sospechosos de no ser leales a la nueva situación.

Tan sólo respetó la vida de Alejandro de Lincéstide, hermano de los dos anteriores, por haber sido el primero en saludarlo como rey, si bien años más tarde le ejecutaría, acusado nuevamente de traición.

Solucionados los problemas en Macedonia, tocaba ahora el turno a los turbulentos vecinos del norte y este, que habían visto en el asesinato de Filipo la posibilidad de escapar al yugo macedonio. Desoyendo los consejos de negociación, Alejandro recorrió con su ejército todo el territorio hasta el Danubio, venciendo a los reyes y príncipes tribales y restableciendo el poder de Macedonia, según nos dice Plutarco.

Quedaba el problema más difícil y también el más importante: Grecia.

Solucionados los problemas en las fronteras del norte, el joven rey convoca en Corinto a los estados miembros de la symmachía y consigue, sin práctica oposición, que le concedan el cargo de hegemón que ya había pertenecido a su padre y, como tal, la dirección de la campaña contra Persia.

Inmerso en estos preparativos le llega la noticia de que, aprovechando el supuesto vacío de poder en Macedonia (creado por la falsa noticia de su muerte y la aniquilación de su ejército), tebanos y atenienses han visto el momento propicio para sacudirse el yugo de los bárbaros macedonios, enarbolando nuevamente las banderas de la libertad de las poleis e invitando a unirse a ellos al resto de la Hélade, contando, paradójicamente, para la empresa con el respaldo del oro persa.

El rey de Macedonia cae por sorpresa sobre Grecia con tal rapidez que a todos toma desprevenidos. Los pueblos por los que va pasando se unen a él inmediatamente y, así, pronto ocupa toda Tesalia y está en disposición de caer sobre la Grecia central.

Los atenienses se empiezan a arrepentir de su defección y envían mensajeros a Alejandro, quien los amonesta verbalmente pero renuncia a tomar venganza contra su ciudad.

Desde allí se dirige a Tebas con la misma intención pero no encuentra la misma actitud. Los tebanos están dispuestos a defenderse con las armas hasta el final y, de este modo, dan a Alejandro la excusa ideal que necesitaba para dar un escarmiento ejemplar de manera definitiva.

Tebas se defendió valientemente, según todas las fuentes, pero la incuestionable superioridad de los macedonios no tardó en dar sus frutos y la victoria cayó de su lado de modo absoluto.

Alejandro tomó la ciudad, la entregó al saqueo y la asoló con dos objetivos: en primer lugar dar una lección definitiva a los griegos y cortar, con ello, de raíz la posibilidad de sufrir nuevas revueltas a sus espaldas una vez iniciada la campaña de Asia, objetivo este que se cumplió con creces; a partir de entonces su retaguardia estaría segura.

En segundo lugar, salvaguardar las formas. Alejandro dejó la decisión del futuro de Tebas en manos del resto de los aliados de la liga de Corinto donde, sobradamente sabía, predominaban los enemigos de Tebas (focios, plateenses, tespios, orcomenios, etc.) que exigían un castigo ejemplar para Tebas, o, más bien, una venganza por todos los siglos de dominio y sumisión que les habían hecho sufrir.

A pesar de las palabras de Cléadas, recordando a Alejandro sus orígenes tebanos como descendiente de Heracles, los años pasados en Tebas por su padre Filipo y la evidencia de la inocuidad de una ciudad que había perdido lo mejor de su juventud en las últimas guerras, se impuso el criterio de los aliados.

Así, Plutarco nos cuenta que «Alejandro hizo salir a los sacerdotes, a todos los huéspedes de los macedonios, a los descedientes de Píndaro y a los que se habían opuesto a los que decretaron la sublevación; a todos los demás los puso en venta, que fueron como unos treinta mil, siendo más de seis mil los que murieron».

La ciudad es destruida y sus tierras repartidas entre los vencedores, principalmente Platea y Orcómenos. El castigo es tal que los atenienses deciden abrir las puertas a los fugitivos, acto que vuelve a deteriorar sus relaciones con el rey, que les exige, para evitar la guerra, la entrega de los oradores contrarios a él y los generales más importantes. La crisis se saldará con el exilio de los generales, buena parte de los cuales marcharán a la corte de Darío, reforzando enormemente su ejército.

En medio de esta terrible represión, Plutarco nos cuenta, sin embargo, una anécdota reveladora del carácter de Alejandro. Durante el saqueo de la ciudad una tal Timoclea vio su casa saqueada y su persona violentada por un jefe tracio de los contingentes aliados de los macedonios.

El tracio le preguntó dónde había más oro y ella lo llevó a un pozo donde dijo haberlo escondido antes de la batalla. Mientras el tracio se inclinaba a buscarlo, ella lo empujó al interior, donde posteriormente lo lapidó hasta matarlo.

Conducida ante Alejandro y preguntada por su identidad, dijo ser hermana de Teágenes, general tebano muerto en Queronea luchando por la libertad contra Filipo.

La respuesta orgullosa y la acción que había ejecutado debieron de impresionar a Alejandro, pues inmediatamente decretó su libertad y la de sus hijos.

V. PERSIA

Parece ser éste el momento oportuno de hablar un poco del viejo enemigo, el antagonista de la Hélade desde hacía dos siglos, el objetivo cuya destrucción se habían marcado los reyes de Macedonia como culminación de su poder, el Imperio Persa de los Aqueménidas.

Para conocer un poco al eterno rival hay que remontarse en el tiempo, como hace Heródoto (que para contar las guerras médicas tiene que explicar primero quiénes son los persas y, para llegar ahí, primero tiene que pasearse por toda la historia anterior de todos los pueblos del Próximo Oriente, de los que el Imperio Persa es la síntesis final).

Aquí ya nos aparece una contradicción: nos referimos a los persas pero hablamos de guerras médicas. ¿Tenemos, pues, dos nombres para el mismo pueblo o dos pueblos de características tan parecidas que los griegos de la antigüedad ya tendían a confundirlos?

A partir de comienzos del segundo milenio a.C. comenzamos a tener noticias indirectas, por fuentes de otros pueblos del Próximo Oriente, de la existencia de unos pueblos de etnia caucasiana y lengua indoeuropea, que, procedentes de las estepas asiáticas del Turquestán, se establecerán en la meseta de Irán, al este de los montes Zagros (límite natural con Mesopotamia), de donde tomarán el nombre de iranios o arios con el que se designarán en adelante.

Efectivamente, se trata de dos pueblos que se establecerán por separado. Los medos al norte, en las llanuras próximas al mar de Hircania (Caspio) y la zona norte de los Zagros, la zona que, a partir de ahora, llamaremos Media, donde fundarán posteriormente la ciudad de Ecbatana, su capital.

Los persas al sur, en la zona sur de los montes Zagros y las llanuras del golfo Pérsico, la zona que llamaremos Persia, donde posteriormente crearán las ciudades de Persépolis y Pasargadas, limítrofe con la rica llanura de Elam o Susiana, regada por los ríos Kerka y Karum, y que será su primera zona de expansión natural.

Ambos pueblos se dedican, preferentemente, a la ganadería, completando sus ingresos con el pillaje sobre ciudades de zonas más ricas y con su actividad de mercenarios al servicio de los diferentes imperios de la zona (Babilonia, Asiria, etc.).

En los primeros momentos la hegemonía de los indoeuropeos correspondió a los medos, que parecen haber mantenido en una situación similar al vasallaje a sus hermanos persas del sur.

Su aparición en la Historia como protagonistas es fulgurante. En 612 a.C. son los medos, dirigidos por el rey Ciáxares, quienes, con el apoyo babilonio, dan al traste con el Imperio Asirio. Las principales ciudades asirias —Nínive, Kalach (Nimrud), Dur Sharrukhin (Khorsabad), Assur, etc.— son destruidas y el territorio repartido entre los vencedores: Babilonia construye su nuevo imperio sobre Mesopotamia y los medos ocupan todo el norte hasta el río Halys (en Anatolia).

VI. LA CREACIÓN DEL IMPERIO

A mediados del siglo VI a.C. surge la gran figura del mundo iranio. El rey Ciro II el Grande es nieto del rey medo Astiages II e hijo del rey persa Cambises I. Con él, ambos pueblos quedan permanentemente unidos, si bien el balance de poder ha basculado definitivamente del lado persa.

Ciro II es el forjador del gran Imperio Persa. En primer lugar ampliará el estado por el oeste, rebasando la frontera del Halys y a costa de Lydia. El ejército persa venció al lydio en Pteria y lo persiguió hacia el oeste volviendo a derrotarlo en el «Campo de Ciro» y tomando su capital, Sardes.

La tradición griega nos cuenta que la derrota fue culpa del rey lydio, Creso, quien malinterpretó una predicción del oráculo de Dídima: «Si atraviesas el Halys un solo hombre reinará en toda Asia», y así fue, pero ese hombre no fue él, sino Ciro de Persia.

La desaparición del estado lydio y su conversión en provincia persa en 547 a.C. es de enorme importancia para nuestro trabajo porque pone en contacto por vez primera a griegos y persas.

Las ciudades griegas de Asia Menor caen en poder de los persas y este dominio (con alternancia entre épocas de cierta autonomía y otras de dominación brutal), tan diametralmente distinto al pseudocontrol ejercido por los helenizadísimos lydios, se les hace muy difícil de sobrellevar. A partir de entonces ésta será siempre la manzana de la discordia entre ambos pueblos.

A continuación, Ciro extiende el reino por el noreste y se apodera de vastas extensiones en el Turquestán (valles del Oxus [Amur Daría] y Yaxartes [Sir Daría]) y estableciendo su frontera oriental en el valle del Indo.

Finalmente le tocó el turno al Imperio Neobabilónico. El antiguo aliado contra el poder asirio se encontraba ahora en plena decadencia, regido por Nabónido, y sus antiquísimas ciudades, con sus templos, su historia y su cultura milenaria, ejercían una tremenda fascinación sobre estos antiguos nómadas, que llevaban siglos mirándolas con ojos ávidos desde el otro lado de los Zagros.

Babilonia fue ocupada por las tropas persas en 539 a.c. y Ciro se convirtió en «rey de las cuatro regiones del mundo». Manifestó una gran tolerancia religiosa permitiendo los cultos tradicionales babilonios y autorizando el regreso de los judíos a su tierra y la reconstrucción del templo de Jerusalén por el decreto de 538 a.C.

Los señores de más allá del Éufrates, inmediatamente, acataron su autoridad y Ciro se vio dueño de toda Siria, incluidas Palestina y, lo que es más importante, las ciudades fenicias, con sus riquezas, sus colonias, su comercio y sus flotas, mercantes y bélicas.

Nuevamente hubo de acudir a la turbulenta frontera noreste, donde en 530 a.C. encontró la muerte luchando contra los masagetas («los saka» de las gorras puntiagudas) dejando como legado el mayor imperio conocido hasta entonces, de manera que, a partir de ese momento, los griegos conocerán siempre al rey de Persia como «`O Megas. Basileus. (El Gran Rey)».

Su sucesor, Cambises II, será el encargado de taponar esta fisura producida en las fronteras de las estepas y, a continuación, realizará su gran sueño: la conquista de Egipto, el único de los antiguos países del Próximo Oriente que conservaba su independencia.

Egipto también se encontraba en plena decadencia. La dinastía Saíta tenía en Psamético III a su último representante, sin apenas medios para hacer frente al poderoso enemigo asiático.

Nuevamente aparecen los griegos relacionados con el Gran Rey y, esta vez, en ambos campos. Las ciudades libres de Grecia, con amplios intereses comerciales en Egipto (emporion de Náucratis), envían contingentes de mercenarios en ayuda de Psamético. Las ciudades dominadas por los persas colaboran con ellos en la empresa, como es el caso de la flota samia enviada por el tirano Polícrates.

Cambises logró forzar el paso a Egipto, tras la batalla de Pelusium, y ocupar todo el país con relativa facilidad en 525 a.C. Psamético quedó como príncipe vasallo y, tras una sublevación, fue ejecutado. De este modo el Gran Rey se convertía también en Faraón.

A diferencia de Ciro, Cambises se mostró intolerante y despectivo con la religión de los vencidos, por lo que rápidamente se tejió una leyenda negra en torno a su persona, que lo presenta como un déspota brutal.

Su intento de extenderse por África dio como resultado una fallida expedición a Nubia y un estrepitoso fracaso en el intento de apoderarse de la colonia griega de Cirene.

Hubo de volver apresuradamente a Asia ante las noticias de una sublevación encabezada por el mago Gaumata, que se hacía pasar por Bardiya, hermano menor de Cambises, presuntamente asesinado por él; y en este viaje lo sorprendió la muerte.

La sublevación del falso Bardiya puso al imperio al borde del caos. Su condición de Mago le granjeó el apoyo de la casta sacerdotal, que aspiraba al poder, y sus medidas demagógicas (supresión de impuestos), el de las clases populares.

La nobleza, arrinconada, no tardó en reaccionar. Darío, miembro de una rama colateral de los Aqueménidas, supo atraerse a un grupo de nobles con cuya ayuda se deshizo de Gaumata (a quien mató personalmente en Ecbatana), que sólo gobernó dos meses. Su matrimonio con Atosa, hija de Ciro y hermana de Cambises, legalizó completamente su acceso al trono.

Su reinado comienza con una ingente cantidad de problemas: rebeliones en Babilonia, Elam, Media, Partia, Hircania y Armenia. En un año, aproximadamente, Darío consiguió reprimir todos estos movimientos, como él mismo nos cuenta en la inscripción de Bagistán, de manera que hacia 521 a.C. pudo dedicarse a su gran labor: la organización del imperio.

Ciro es el creador del imperio pero Darío es su organizador y tanta importancia tiene el trabajo del uno como el del otro.

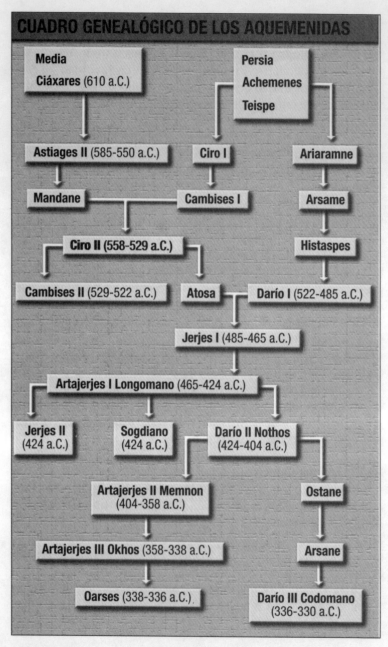

VII. LA ORGANIZACIÓN DEL IMPERIO

Darío debió de acometer la organización del imperio entre los años 518 y 514 a.C. siendo el fruto de un plan meticulosamente trazado por el Gran Rey y sus colaboradores.

El problema principal estriba en la relación personal, de tipo vasallático, entre el rey y sus súbditos, de quienes demanda obediencia absoluta y, por otra parte, y más importante, en la relación entre los diversos pueblos que componen el estado y el poder central, ya que el imperio engloba ahora: persas, medos, babilonios, asirios, sirios, fenicios, judíos, egipcios, lydios, griegos, elamitas, armenios, hircanios, partos, bactrios, sogdianos, aracosios, indios, etc.

El imperio quedará divido en unas 20 Satrapías (23 según la inscripción de Bagistán) a cargo de un Sátrapa (siempre persa), que goza de una amplia autonomía, con gran libertad de medios y acción para asegurar el orden público, encargado del cobro de los tributos anuales, cuidadosamente calculados según la capacidad de la provincia, y del reclutamiento de los contingentes militares.

Este enorme poder de los sátrapas era controlado por un funcionario civil y financiero y por un jefe militar y estaba permanentemente sometido a las inspecciones de unos enviados del rey llamados «los ojos y oídos del rey» y que son un claro precedente de los *missi dominici* del Imperio Carolingio.

Esta misma estructura se trasvasaba al ejército, compuesto por un cuerpo central persa, articulado en torno a los 10.000 hombres de la guardia del rey (los inmortales), a los que se van añadiendo los contingentes reclutados por los sátrapas en cada provincia.

Varios elementos creados por Darío contribuyen a dar unidad a esta tremenda mezcolanza:

• La utilización del arameo como lengua administrativa por ser la más ampliamente extendida por el imperio. Junto a ella se utilizan todas las demás lenguas de todos los pueblos, con un especial interés, naturalmente, por el persa.

• La creación de una moneda común y fuerte, que sea utilizada, sin prevenciones, en todo el estado e, incluso, sea admitida fuera de las fronteras. Esa moneda es el dárico, de 8,42 g de oro, el mismo peso de la státera (didracma) focense utilizada internacionalmente.

• La creación de una red de comunicaciones que mejoren el comercio, los desplazamientos militares y, sobre todo, la transmisión de noticias entre las satrapías. A este respecto hay que destacar la que Heródoto llama «La Carretera del Rey», la calzada que unía Susa (capital de Elam) y próxima a las capitales imperiales (Pasargadas, Persépolis) con Sardes (capital de Lydia) y la costa del Egeo. Por ella se podían hacer trayectos, cambiando caballos y con relevos, de hasta 300 km diarios, con lo que el trayecto podía hacerse en una semana.

Un elemento que contribuirá enormemente a dar cohesión al imperio es su tolerancia religiosa. El estado tolera y respeta las religiones de los pueblos sometidos, excepto cuando razones políticas o militares imponen lo contrario.

Los persas tienen su propia religión, el Mazdeísmo, formulado por Zaratustra en el siglo VII a.C. Es una religión dual, que habla de una lucha permanente y universal entre dos conceptos: el bien (Ahura Mazda [Ormuz]) y el mal (Arihman).

De acuerdo con esto, el hombre no debe permanecer como espectador sino contribuir diariamente al triunfo de Ahura Mazda, y ello se consigue con un comportamiento ético correcto (justicia, lealtad, bondad, etc.).

Esta religión provoca dos consecuencias:

• No hay templos en el mazdeísmo porque el templo de Ahura Mazda es el corazón de los hombres, salvo pequeñas

torres donde arde el fuego purificador, que representa a Ahura Mazda, y que aún existen entre los adoradores del fuego de algunas zonas del oeste de la India.
- Una incuestionable superioridad de carácter moral, sobre la mayor parte del resto de las religiones antiguas que, teóricamente al menos, debía transcribirse en los comportamientos.

En cuanto al arte de los persas hemos de decir que se trata de un arte ecléctico con influencias tomadas de todos los pueblos que componen su imperio y aun de los extranjeros.

Es especialmente interesante su arquitectura, que nos ha dejado restos de palacios y tumbas (porque, como hemos dicho, no tienen templos).

Los palacios persas siguen el modelo asirio en cuanto a seguridad y decoración, pero aumentan enormemente su magnificencia con el deseo de impresionar. Destacan, a este respecto, las Apadanas, salas de audiencia con capacidades ingentes como la «Sala de las 100 columnas» de Persépolis.

La decoración se consigue con motivos tradicionales mesopotámicos como los toros alados androcéfalos, de origen asirio; los relieves que muestran procesiones de tributarios, grandes personajes en proskynesis ante el Gran Rey o desfiles militares, ya documentados en Súmer; o la técnica del ladrillo vidriado, de origen babilonio (puerta de Ishtar) que alcanza una de sus cumbres más altas en el «Friso de los Inmortales» del palacio de Susa.

Las tumbas reales persas no presentan un tipo único. Las más antiguas son de tipo mausoleo, como la de Ciro el Grande en Pasargadas, que fue restaurada por Alejandro Magno.

Tras la conquista de Egipto se ponen de moda las tumbas de tipo hipogeo, como las de Darío y Jerjes en Nache Rustem, pero, lejos de disimularlas como en Egipto, los persas hacen ostentación de ellas, colocándoles grandes fachadas decoradas con relieves de tema religioso o evocadores de gestas logradas.

Éste es el aspecto administrativo, político, religioso y cultural que mantendrá el Imperio Persa hasta el final; es lo que encontrará Alejandro Magno en su campaña asiática, y por eso nos hemos detenido un poco más ello.

Alejandro con el rayo, mosaico del siglo IV a.C.

VIII. LAS GUERRAS MÉDICAS

Darío I también contribuyó al aumento territorial del imperio. Por primera vez, los persas pusieron pie en Europa con las consecuencias sobradamente conocidas.

En 499 a.c. las ciudades de Jonia iniciaron una revuelta contra los persas por los perjuicios sufridos con motivo de la conquista de Egipto y del control del Ponto Euxino, que impide el contacto de las colonias con sus metropoleis.

La sublevación está encabezada por Mileto, la más perjudicada por la segunda cuestión, ya que dispone de un auténtico imperio colonial en el Ponto Euxino, y respaldada por los griegos de la península y las islas, especialmente por los atenienses, que junto con los eretrios, envían frecuentes socorros a sus hermanos de Asia.

La rebelión es, finalmente sofocada en 494 a.C. y Mileto resulta totalmente arruinada. Pero la revuelta ha sido dura, pues a los jonios se han sumado todos los griegos de Asia, los licios, los carios y los chipriotas y la capital de la satrapía, Sardes, había sido pasada a fuego por los rebeldes.

Todo esto no habría sido posible sin la ayuda de los griegos de Europa. Por eso, para castigarlos y evitar que una rebelión de estas características volviera a repetirse en la zona, más que para aumentar su imperio, Darío decidió llevar la guerra a la Grecia continental.

En 492 a.C. un enorme ejército persa, dirigido por el propio yerno del Gran Rey, Mardonio, consigue la ocupación del Quersoneso Tracio, la costa de Tracia y las islas próximas a ella como Thasos, y obtiene el vasallaje de Macedonia.

En 490 a.C. la flota persa ataca las Cícladas, ocupa Naxos, destruye Eretria y desembarca en el Ática, en la playa de

Maratón, donde el strategós ateniense Milcíades, al mando de un ejército de 10.000 hoplitas atenienses más otros 1.000 platenses, consiguió derrotarlos, tras una violentísima carga que sorprendió a los persas.

El ejército persa reembarcó y, tras una tentativa de atacar el puerto de Fáleron, frustrada por Milcíades, tomaron el camino de Asia, manteniendo aún la idea de castigar a Atenas con una expedición mejor preparada.

Ésta debió esperar unos años por problemas internos del gran estado persa, especialmente una sublevación en Egipto y disturbios en Babilonia, que arrebataron a Darío la posibilidad de poder llevar a cabo su revancha.

La oportunidad corresponderá a su hijo y sucesor Jerjes (486-465 a.C.) quien inmediatamente se puso a prepararla. El estado fue movilizado en su totalidad y todas las satrapías, desde Egipto a la India, enviaron sus contingentes de tropas, con especial interés en la formación de una gran flota de guerra a cargo de fenicios, egipcios, jonios y carios, cuya labor se vería favorecida por la construcción de obras de infraestructura, como la excavación de un gran canal en la península de Calcídica para evitar los problemas atmosféricos que la flota había sufrido en la expedición anterior.

Para cortar la posibilidad de la llegada de ayuda de los griegos occidentales se llegó a un acuerdo con Cartago, mediante la intervención de su vieja metrópoli, Tiro, bajo dominio persa, para que los púnicos atacasen simultáneamente a los griegos de Sicilia, a fin de mantenerlos ocupados. De esta manera la ayuda que llegó a la Hélade procedente de Italia fue puramente testimonial (una trirreme procedente de Crotona).

Los efectivos persas son evaluados en diferentes cifras por las fuentes, casi todas ellas de manera exagerada, desde 1.700.000 hombres que indica Heródoto, pasando por los 800.000 que cita Éforo, hasta los 100.000 que cifra la investigación moderna. La flota, por su parte, se estima, por parte de Esquilo, en 1.200 naves incluyendo las más pequeñas. Son unos efectivos, en cualquier caso, muy superiores a los que podían oponer los helenos.

Por su parte los griegos se encontraban divididos ante la situación. Atenas, Esparta, Corinto y otros estados eran partidarios de la resistencia a ultranza y del castigo a los estados colaboracionistas. Para ello crearon en Corinto una synmachia Helénica, la liga del Istmo, que organizase las operaciones conjuntas, cediendo el mando, tanto terrestre como naval a los espartanos.

Sin embargo, junto a ellos había estados partidarios de mantener una dorada y tranquila neutralidad y otros, decididamente aliados de los persas como los Alévadas, príncipes de Tesalia (contra la opinión de sus súbditos), Argos (secular enemiga de Esparta y recientemente vencida por ésta) y la propia Macedonia. Así mismo, no se podía contar con los griegos de Asia y las islas, quienes, sometidos nuevamente al imperio persa, debían prestar a éstos sus contingentes militares, tanto terrestres como navales.

Especialmente dramática fue para los griegos, en estos momentos, la actitud del oráculo délfico que, convencido de la invencibilidad de los persas desde el desastre de Creso, aconsejó, en sucesivas consultas, la no resistencia y a los atenienses, en concreto, que huyeran al fin del mundo y se refugiaran en el muro de madera, frase entendida, lógicamente, como referida a la empalizada de madera que protegía la ciudadela de la Acrópolis.

En Atenas, sin embargo, tras la caída de Milcíades como consecuencia de una fracasada expedición a Paros, se había hecho con el poder Temístocles, quien interpretó la frase, de manera acorde con su estrategia, como referida a la marina de guerra y se dedicó, durante los años previos, a la construcción de una poderosa flota de doscientas trirremes, con el beneficio excedente de la producción de las minas de Laurión.

En la primavera del año 480 a.C. el poderoso ejército persa se reunió en Sardes, atravesó el Helesponto, mediante dos puentes de barcazas, y cayó nuevamente sobre Tracia y Macedonia sin encontrar resistencia.

La alianza helénica intentó establecer una línea defensiva en Tesalia, pero ésta hubo de ser abandonada ante la dificultad de su sostenimiento.

Se decidió entonces fortificar el paso de las Termópilas con unos 4.000 soldados al mando del espartano Leónidas, entre los que se encontraban los trescientos miembros de su guardia personal.

Paralelamente, la flota, compuesta por 270 trirremes (150 de las cuales eran atenienses) al mando del espartano Euribíades, fue desplegada en el cabo Artemision, en el extremo norte de la isla de Eubea, en la idea de desbaratar la flota persa mientras Leónidas retenía al ejército terrestre, según la estrategia de Temístocles.

Sin embargo, la batalla del cabo Artemision resultó indecisa y el ejército terrestre se vio obligado a replegarse, protegido por el sacrificio de Leónidas y sus hombres, ante la acometida persa, que logró forzar el paso de las Termópilas.

El ejército persa cayó, entonces, sobre la Grecia central devastando Beocia y el Ática y provocando la evacuación de Atenas, cuya población fue trasladada a las islas vecinas, especialmente a Salamina, manteniendo la confianza en la estrategia naval de Temístocles.

Los persas ocuparon Atenas, la saquearon concienzudamente y destruyeron las construcciones de la Acrópolis, mientras la alianza fortificaba el istmo de Corinto, en un intento de evitar la invasión del Peloponeso.

El interés ateniense, especialmente de Temístocles, por defender el Ática, así como el temor persa a tener que forzar el istmo de Corinto (con pérdidas previsiblemente muy superiores a las de las Termópilas) determinó el enfrentamiento naval en Septiembre de 480 a.C. en el angosto estrecho de Salamina, donde la flota griega, mandada por Euribíades y compuesta por unas 300 naves, supo sacar partido de la superioridad numérica del enemigo, que fue incapaz de maniobrar ante la falta de espacio.

La derrota persa fue completa y simultánea al desastre cosechado por sus aliados cartagineses en Sicilia, donde los tiranos

Gelón de Siracusa y Terón de Akragas (Agrigento) lograron una victoria completa, en Hímera, sobre las fuerzas mandadas por Amílcar.

En 479 a.C. el ejército de tierra, mandado por el cuñado de Jerjes, Mardonio, que invernaba en Beocia y contaba con ayuda tebana, se enfrenta en Platea a la coalición griega de atenienses, espartanos, megarenses, platenses y tegeos, mandada por el espartano Pausanias. Nuevamente la victoria es completa para el bando helénico, lo que conlleva la evacuación persa de todo el territorio de la Hélade. El éxito definitivo se completa el mismo año de 479 a.C. con la victoria naval, cosechada por la flota en el cabo Micala, al norte de Mileto, que trae como consecuencia la liberación de todas las ciudades griegas de las islas y de la costa jonia del yugo persa.

A partir de este momento, la guerra entra en una fase de mayor indefinición. Esparta, partidaria de una actitud defensiva propone a los jonios el abandono de su tierra y su establecimento en las ciudades de la Hélade que habían colaborado con los persas, así como la expusión de éstas últimas de la anfictionía délfica.

Por su parte, Atenas es partidaria de pasar decididamente a la ofensiva. Para ello organiza la synmachia Ático-délica, obra de Arístides el Justo, una confederación de ciudades bajo el mando de Atenas, con sede en Delos, a la que cada uno de los aliados contribuye con naves o con un tributo.

Tras el ostracismo de Temístocles en 470 a.C., quien terminó sus días como vasallo de Persia, se hace cargo de las operaciones Cimón, hijo de Milcíades, el vencedor de Maratón, quien consigue la doble victoria del Eurimedonte, en el sur de Anatolia, en 465 a.C.

El fracaso de su política espartanófila le llevará también al ostracismo en 461 a.C. y la guerra continúa con altibajos hasta que la victoria ateniense de Salamina de Chipre, en 449 a.C., lleve a la firma de la paz de Calias, en 448 a.C., por la que las ciudades de Asia Menor permanecen nominalmente dentro del imperio persa, pero conservando una amplia autonomía que las convierte, de hecho, en independientes, todas ellas formando parte de la liga de Delos.

La victoria helénica en los enfrentamientos greco-persas aleja, definitivamente, el peligro de dominio de Occidente por parte de un poder absoluto de corte oriental y garantiza el mantenimiento y desarrollo de las formas políticas de la Hélade, que luego pasarán al resto de Occidente.

IX. DECADENCIA DEL IMPERIO

En Persia, mientras tanto, se produce el asesinato de Jerjes en 465 a.C. y su sucesor, Artajerjes I, se encuentra con una situación complicada.

A las derrotas ante Cimón hemos de añadir la sublevación de la satrapía egipcia dirigida por Inaros, posiblemente un descendiente de la familia real saíta, que llegó a dominar el delta y solicitó la ayuda de Atenas. La intervención ateniense se saldó, sin embargo, con un fracaso. La rebelión fue dominada e Inaros crucificado.

En 424 a.C., y tras eliminar físicamente a sus hermanos, accede al trono persa Darío II Nothos, que centrará su política en el agotamiento de Atenas mediante el apoyo económico y militar a Esparta (con la que estableció una alianza) en la guerra del Peloponeso. Al final de su reinado, Egipto volvió a sublevarse pero en esta ocasión con más éxito, pues consiguió una independencia de medio siglo durante el que será gobernado por faraones indígenas (Nectanebo, Teos, etc., Dinastías XXVIII, XXIX y XXX).

Su muerte en 404 a.C. da paso a problemas aún mayores. Se produce un nuevo enfrentamiento fratricida entre sus hijos Artajerjes II Memnón y Ciro. Este último contaba con el apoyo de su madre Parisatis, con algunas satrapías y con un contingente de mercenarios griegos, entre los que se encontraba el historiador Jenofonte.

Ciro resultó muerto en la batalla de Cunaxa, cerca de Babilonia, y los mercenarios griegos debieron emprender una terrible retirada a través de tierras desconocidas que nos cuenta Jenofonte en su *Anábasis*.

La costumbre, introducida por Darío II, de nombrar sátrapas a dinastas locales en lugar de miembros de la familia real que pudieran usar el cargo como plataforma para aspirar al trono (común hasta entonces) dio como resultado la creación de auténticas dinastías provinciales con una sumisión más bien teórica al poder central del Gran Rey.

La rebelde satrapía egipcia amplió su control a Palestina. Un intento por recuperar Egipto en 385 a.C. resultó fallido, si bien dio como fruto la recuperación de la costa y el control nuevamente sobre Palestina y Fenicia. Un nuevo intento por recuperar el país del Nilo en 374 a.c. se saldó con un nuevo fracaso.

Finalmente, en 366 a.C. se produjo una terrible rebelión de casi todas las satrapías occidentales, atizada por Egipto y los griegos, que llegó a amenazar seriamente la continuidad del estado cuando los rebeldes cruzaron el Éufrates con intención de atacar la propia Persia.

Por lo que respecta a las relaciones con los griegos, Artajerjes II firmó con la nueva potencia helena, Esparta (vencedora en la guerra del Peloponeso), la paz de Antálcidas (la paz del Rey) en 387 a.C. por la que Persia se asegura el control sobre Chipre y vuelve a establecer su dominio sobre las ciudades griegas de Asia Menor.

Con su muerte, en 358 a.C., y el ascenso al trono de su hijo Artajerjes III Okhós, un enérgico monarca, se pondrá nuevamente orden en el Imperio.

Su victoria sobre atenienses y tebanos obligó a los griegos a cortar su ayuda a las satrapías rebeldes de Asia Menor que no tardaron en volver a caer en sus manos.

A continuación les correspondió el turno a las ciudades fenicias que, encabezadas por el rey de Sidón, desarrollaban una política de total autonomía con intereses propios, frecuentemente coincidentes con los griegos y opuestos a los persas. Sidón fue destruida y el poder real persa restablecido.

Finalmente pudo dirigirse contra Egipto, al que atacó en 343 a.C. con dos ejércitos simultáneamente logrando, por fin, su reconquista y nueva conversión en satrapía del Imperio.

El nuevo problema que se planteaba volvía a proceder de Grecia, concretamente del norte. El rey Filipo II de Macedonia extendía su poder, a pasos agigantados, por Tracia y podía llegar a constituir un serio peligro.

Artajerjes financió a todos sus enemigos políticos, los partidarios de la defensa de las libertades de las *poleis*, como el propio Demóstenes, y no dudó en intervenir directamente cuando lo consideró necesario, logrando derrotarlo en Perinto.

En 338 a.C. Artajerjes III murió asesinado en una conspiración palaciega, tramada por un eunuco de palacio, llamado Bagoas, que colocó en el trono a Oarses, a quien, a su vez, hizo eliminar poco después para elevar al trono al sátrapa de Armenia, Darío III Codomano.

El nuevo rey comenzó su gobierno desembarazándose de tan peligroso personaje. Su reinado será breve y sólo tendrá durante él un problema: el rey de Macedonia, Alejandro III, con cuyo reinado coincide plenamente.

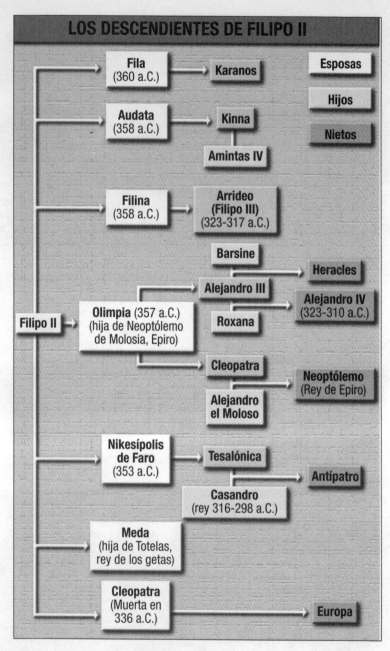

X. LA CAMPAÑA DE ASIA MENOR
PREPARACIÓN DE LA EXPEDICIÓN

Solucionados los problemas en Grecia, comienza, sin dilación, el joven rey los preparativos para la campaña de Asia. Éstos incluyen aspectos tanto militares como políticos y de propaganda.

Entre los primeros destaca la leva de un ejército cifrado por las fuentes en 30.000 hoplitas y 4.000 jinetes, aunque algunas fuentes (caso de Aristóbulo, que lo acompañó en la campaña de la India) hacen subir este número hasta los 43.000 infantes y 5.000 caballos.

A este contingente hay que añadir los 7.000 hoplitas y 600 jinetes aportados por la synmachia de Corinto, de la que era hegemón. No hay que olvidar que la campaña contra Persia era una guerra panhelénica, aunque, por las cifras, se rebela claramente que era una acción macedonia, sino personal del propio Alejandro.

Diodoro Sículo nos ofrece una visión más detallada de la composición del ejército expedicionario con las siguientes cifras y desgloses.

La infantería estaría compuesta por:

* 12.000 macedonios, 9.000 de ellos organizados en 6 batallones de 1.500 hombres y los restantes 3.000 en 3 batallones de 1.000 hipaspistas cada uno.

* 7.000 aliados griegos, aportados por la synmachia de Corinto.

* 5.000 mercenarios griegos.

* 7.000 aliados norteños (ilirios, tribalos, etc.).

* 1.000 arqueros y peltastas que sumarían unos efectivos totales de 32.000 soldados de infantería.

Por su parte, las fuerzas de la caballería estarían compuestas de la siguiente manera:
* 1.800 hetairoi (jinetes) macedonios (organizados en 8 escuadrones de 225 jinetes cada uno).
* 1.800 jinetes tesalios.
* 600 jinetes aliados del resto de Grecia.
* 900 jinetes tracios y peonios que sumarían un total de 5.100 efectivos de caballería.

El mando supremo correspondía al propio Alejandro, quien tenía como principales ayudantes a Parmenión, como su segundo en el mando. Filotas, hijo Parmenión, como jefe de los hetairoi. Nicanor, hijo de Parmenión, como jefe de los hipaspistas. Los cinco jefes de falange serían: Cratero, Pérdicas, Amintas, Meleagro y Ceno. Hefestión, Nearco, Seleuco, Ptolomeo y Lisímaco formaban parte de su acompañamiento como asesores, dentro del reducido grupo de sus hetairoi.

Así mismo, ordenó construir una flota compuesta de 160 trirremes, en opinión de Arriano, y otros barcos de guerra, así como naves menores destinadas al transporte de tropas, bagajes y demás pertrechos: 182 naves en total, según los datos de Justino, que resume la obra de Pompeyo Trogo.

Tomó del tesoro real macedonio las cantidades que precisaba, cuyo montante es difícil de precisar y en el que no se ponen de acuerdo las fuentes. En cualquier caso, excepto las excesivamente fantasiosas, coinciden en que sus recursos en efectivo eran limitados (70 talentos dice Plutarco, citando a Aristóbulo), de lo que se deduce claramente que Alejandro contaba con que la guerra se autofinanciase, con vivir del terreno y del botín. Necesitaba, pues, una pronta victoria para poder continuar la empresa.

Entre las medidas políticas destaca la eliminación física de todos los parientes de Cleopatra, la última esposa de Filipo, que ostentaban cargos de poder, así como la de algunos miembros de su propia familia, que podían tener pretensiones al trono y algún derecho por el que hacerlas efectivas.

La defensa de Macedonia y el control sobre la Hélade fue confiada al viejo general Antípatro, con el título de regente y un contingente de 15.000 hoplitas, con los que éste tendría que hacer frente a la rebelión griega encabezada por el espartano Agis.

Entre las medidas propagandísticas destacan los sacrificios realizados en Macedonia a Zeus Olímpico y la institución de juegos y certámenes culturales, así como su visita al oráculo délfico, de camino hacia Macedonia, cuya anécdota con la pitonisa nos transmite Plutarco y, real o legendaria, no deja de tener, en cualquier caso, un marcado carácter propagandístico.

Según relata Plutarco, Alejandro fue a consultar el Oráculo, como era costumbre, a propósito de sus planes de futuro. La Pitia se negó a responder por ser aquellos días nefastos en los que no está permitido dar respuestas. El propio Alejandro fue a buscarla y la trajo al templo por la fuerza, ante lo cual, la sacerdotisa exclamó: «¡Eres invencible, hijo mío!» Al escuchar esta exclamación, Alejandro declinó consultar nada, pues ya tenía la respuesta que había venido a buscar.

También sitúa la tradición en estos momentos la famosa entrevista con Diógenes de Sínope, el filósofo cínico, que nos transmiten una veintena de fuentes y que trascendió, como ejemplar, durante toda la Antigüedad, Medievo, Renacimiento y hasta la actualidad. Tiene todos los visos de ser legendaria y tenemos múltiples versiones, más o menos airosas para cada uno de los dos protagonistas, y ocurridas en diferentes lugares y momentos. Ésta es la versión que nos transmite Plutarco:

Estando en Corinto, resolviendo asuntos de la alianza, Alejandro recibía visitas de todos los prohombres de la Hélade para felicitarlo y desearle suerte en su empresa. Entre ellos, Alejandro echó en falta a Diógenes, quien pasaba sus días en el Craneo, un gimnasio en un cipresal a las afueras de la ciudad.

Decidió ir a verle él. El filósofo tomaba el sol, tendido en el suelo, cuando llegó la comitiva, se incorporó y fijó la vista en el rey de los macedonios. Éste se presentó y se ofreció para colmar cualquier necesidad de Diógenes: «¿Necesitas algo?». «Muy poco —respondió el cínico—, sólo que te apartes un poco, pues me estás tapando el sol». Alejandro quedó tan impresionado por la fuerza de ánimo y desprecio por las necesidades cotidianas de que hacía gala la respuesta que comentó a sus acompañantes: «Si no fuera Alejandro, de buena gana me habría gustado ser Diógenes».

La expedición partió de Pella, la capital, y, tras pasar por la ciudad de Anfípolis, cruzar el río Estrimón, bordear el monte Pangeo, en suma, atravesar Tracia, alcanzó el mar en Abdera (la vieja patria de Protágoras) para dirigirse, a continuación, a Sesto, en la zona más estrecha del Helesponto.

Antes de embarcar, Alejandro realiza aquí, de acuerdo con su inclinación por la épica de la Ilíada, sacrificios al héroe homérico Protesilao de Eleunte, el primero en desembarcar en Asia en la antigua expedición de Agamenón, en un intento de conjurar a la suerte para que le fuera más positiva que al antiguo héroe.

Se trata, nuevamente, de presentar la campaña como una nueva empresa panhelénica contra el peligro asiático, como en la guerra de Troya, correspondiéndole a él un papel mezcla del comandante supremo, Agamenón, y el paladín, Aquiles.

Embarcado el ejército en la flota, es trasladado, bajo la dirección de Parmenión, a la parte asiática del Helesponto, concretamente a la ciudad de Abido.

Antes de desembarcar, Alejandro arroja una jabalina sobre el territorio asiático, como simbólica toma de posesión del continente o como palpable declaración de guerra (a la manera que después va a ser tradicional en Roma).

Los ritos religiosos son completados durante la travesía con la celebración de sacrificios a Posidón, a quien degolló un toro en el centro del Helesponto, cuya sangre fue vertida al mar, junto con libaciones en honor de las Nereidas.

Estos ritos continúan una vez desembarcados en Asia (Arriano hace hincapié en que el propio Alejandro es el primero en poner pie en suelo asiático, en una acción cargada, como el resto de la expedición, de simbología) con ceremonias en honor de Atenea, en cuyo templo Alejandro permutó sus armas por las de los antiguos héroes del pasado, allí consagradas, y a las que se hará alusión posteriormente, portadas siempre por sus hipaspistas, en momentos de grave peligro.

También realizó sacrificios en honor de Zeus, protector de las llegadas, y de Herakles, el prototipo de héroe esforzado y que también había participado en una expedición similar durante la primera guerra de Troya.

Naturalmente no podían faltar los sacrificios y juegos funerarios recordatorios en el valle del Escamandro a los héroes Áyax y, sobre todo, su modelo, Aquiles, cuya estela ungió y coronó (según nos cuenta Plutarco), a la par que celebraba la suerte de éste por haber podido contar con alguien como Homero, capaz de cantar sus hazañas de manera digna, lo que, en su caso, echaba en falta.

Así mismo, realizó un sacrificio en honor a Príamo sobre el altar de Zeus, en un intento de aplacar su ira contra la casa de Aquiles y Neoptólemo, de la que desciende la familia real epirota y, por ende, el propio Alejandro.

Por su parte, los persas no estaban en absoluto desprevenidos, como se tiende a creer sistemáticamente. Sí es cierto que, en un primer momento, pecaron de un enorme exceso de confianza en el poderío de su imperio, su enorme extensión, sus inagotables recursos y de una subestimación de las posibilidades del macedonio.

El Gran Rey había ordenado reunir en Asia Menor un enorme contingente militar procedente de todas las satrapías directamente amenazadas en este primer momento: Frigia Helespóntica, Gran Frigia, Lydia y Capadocia.

Arriano nos transmite los nombres de estos sátrapas como: Espitrídates (sátrapa de Lydia y Jonia), Arsites (hyparchos [vicesátrapa] de Frigia Helespóntica), así como Reomitres, Petenes, Nifates (sin precisar sus jurisdicciones).

Contaba también con un numeroso contingente de mercenarios griegos, bajo el mando del general más capaz de todos ellos: Memnón de Rodas.

Éste era el único que tenía un plan de acción válido y realista que no se dejaba cegar por la arrogancia. Aconsejó e intentó convencer a los sátrapas de no presentar batalla abierta a Alejandro, convencido de la superioridad de la infantería macedonia y por el refuerzo moral que suponía para éstos la presencia de Alejandro, mientras que el rey Darío III no se hallaba presente en el campo para infundir los mismos ánimos a los persas.

Su táctica era la de la tierra quemada, retirarse sistemáticamente, destruyendo los pastos y las cosechas aún por recoger, de manera que los invasores no pudieran avituallarse y, poco a poco, fueran viendo agotados sus recursos y tuvieran que abandonar la empresa por falta de víveres, pues, como hemos visto, el ejército de Alejandro se abastecía sobre el propio campo.

La idea no contaba, sin embargo, con la conformidad de los campesinos de la zona, remisos a quemar sus cosechas si no era mediante unas fortísimas presiones por parte de los sátrapas.

Simultáneamente había que llevar la guerra a suelo griego donde Memnón sabía que Alejandro contaba con numerosos enemigos, prestos a organizar una revuelta contra el dominio macedonio a la primera oportunidad.

Una vez puestas en peligro sus líneas de comunicación, Alejandro habría quedado encerrado en Asia, sin posibilidad de abastecimiento y sus fuerzas habrían ido mermando paulatinamente hasta desaparecer (como le ocurriría un siglo después a Aníbal en Italia cuando los Escipión le aplicaron esta misma táctica en Hispania).

Pero la estrategia de Memnón fue despreciada por los sátrapas persas. Arriano nos cuenta que Arsites, el Hyparchos de la Frigia Helespóntica, expuso que no permitiría la destrucción de una sola propiedad de los hombres sujetos a su mando, tras lo que parece aflorar una rivalidad personal con Memnón, uno de los más influyentes personajes de Persia y que contaba con el favor del propio Gran Rey Darío.

Arsites logró convencer de sus planteamientos a los demás jefes persas y éstos optaron por presentar batalla. Decidieron, para ello, aprovechar el difícil momento de atravesar el río Gránico, hacia el que se dirigía el ejército helénico y que se configuraba, de este modo, como la llave que podría cerrar o abrir la puerta de Asia, y, definitivamente, la abrió.

XI. LA BATALLA DEL GRÁNICO

El río Gránico (hoy denominado Oust-vola-sou) nace en el monte Ida, en Misia, desde donde fluye hacia el noroeste, a través de los campos Adrasteos, para ir a desembocar en la Propóntide (el ahora llamado mar de Mármara, entre el Bósforo y los Dardanelos), y hacia él se encaminaba el ejército macedonio entre finales de mayo y principios de junio del año 334 a.c.

La disposición de éste, según nos cuenta Arriano, era en orden de marcha, formando la falange hoplítica en dos filas, flanqueadas por la caballería y con la impedimenta en retaguardia. En vanguardia iba la caballería de los sarissoforoi y quinientos peltastas, bajo el mando de Hegéloco.

Ante la noticia de que los persas se encontraban al otro lado del río, formados en orden de batalla, Alejandro tomó sus disposiciones para hacer lo propio, pero la empresa presentaba sus dificultades.

El cauce del río era bastante profundo y la orilla contraria resultaba excesivamente elevada, escarpada en algunas zonas, de manera que habría que salir del agua en desorden y de flanco, facilitando así la labor de la caballería persa de enfrentarse a la infantería macedonia.

Contrario a presentar batalla en estas circunstancias era el propio Parmenión, quien estimaba la inferioridad numérica de la infantería persa como una ventaja a tener en cuenta para no tener que arriesgarlo todo a una carta. Su propuesta era acampar en este lado del río (convencido de que los persas no harían lo mismo, dado su inferior número de infantes) y cruzar el río al despuntar el alba.

Alejandro reconoció todos estos inconvenientes pero argumentó que, después de haber atravesado el Helesponto, sería vergonzoso para éste que la expedición se viera ahora retenida por un riachuelo y que hacer las cosas con un mayor grado de dificultad elevaría su consideración a los ojos de los persas, aumentando, con ello, su miedo a los macedonios y disminuyendo la confianza en sus propias posibilidades, de manera que comenzó los preparativos para el enfrentamiento.

Alejandro colocó a Parmenión al mando del ala izquierda de la formación, reservándose para él el flanco derecho, precedido por los hetairoi, arqueros y peltastas al mando de Filotas, el hijo de Parmenión, junto con los sarissoforoi de Amintas (hijo de Arrabeo) y los hipaspistas de Nicanor, el otro hijo de Parmenión. Junto a ellos las falanges de Pérdicas (hijo de Orontas), Ceno (hijo de Polemócrato) y Amintas (hijo de Andrómeno).

En el ala izquierda, con Parmenión, estaban la caballería tesalia, mandada por Cala (hijo de Harpalo), la caballería aliada, mandada por Filipo (hijo de Menelao), los tracios, a las órdenes de Agatón, la falange de Crátero, la de Meleagro y la de Filipo (hijo de Amintas).

Por el bando persa, las fuerzas de caballería se componían de unos veinte mil jinetes y un número más reducido de infantes y mercenarios extranjeros. La disposición efectuada fue con la caballería, desplegada como una falange, a lo largo de la orilla del río, para frenar a la infantería macedonia a la salida de éste, como había previsto Parmenión y la infantería por detrás, respaldando a la caballería. Al descubrir a Alejandro en el lado derecho de su formación, los persas acumularon más efectivos de caballería en su propio flanco izquierdo.

Tras observarse mutuamente desde sus respectivas orillas del río, el enfrentamiento dio comienzo con el cruce del Gránico por la caballería aliada de los macedonios (prodromos y peonios) al mando de Amintas, seguidos por el propio Alejandro, con el grueso de la caballería y las falanges de infantería.

La travesía del río se realizó en dirección oblicua al flujo del agua, para recortar en lo posible la ventaja persa en la posición. Se produjo un choque brutal de caballerías en la orilla persa del río, en el que los macedonios llevaron, en un primer momento, la peor parte.

Alejandro Magno ecuestre, bronce del siglo I a.C., en el Museo Arqueológico de Nápoles.

En efecto, su posición desfavorable, ya que pugnaban por salir del río desde abajo, en suelo resbaladizo, con efectivos todavía inferiores y contra lo mejor de la caballería persa, entre la que se encontraban Memnón y sus hijos, que combatían desde terreno firme y en altura, descargando una auténtica lluvia de flechas y jabalinas sobre los griegos, hacía la situación difícil.

Inmediatamente llegó el propio Alejandro, comandando el flanco derecho de la formación, y cayó sobre el grueso de la caballería persa, donde se encontraban los principales caudillos.

Sus claros distintivos en la panoplia determinaron que inmediatamente se trabase una dura lucha en torno a su persona, a la par que las filas de la caballería macedonia y, posteriormente, la infantería iban saliendo del río y tomando posiciones en tierra, cada vez con mayor facilidad, intentando empujar a los persas hacia la llanura, donde poder combatir en terreno abierto, más apto para la maniobra, a la vez que los persas se esforzaban por volver a arrojarlos al río.

Fue una lucha preferentemente de caballerías, aunque desarrollada según los modelos de la infantería. Los macedonios, poco a poco, comenzaron a obtener provecho de combatir con lanzas largas de madera frente a las cortas jabalinas de los persas.

Alejandro, personalmente, derribó de su montura a Mitrídates, yerno de Darío III, a la vez que recibía en la cabeza un golpe del sable curvo de Resaces, que le partió el casco y le llegó al cabello aunque sin llegar a herirlo.

Mientras Alejandro daba cuenta del caudillo persa, Espitrídates, el sátrapa de Lydia y Jonia, se disponía a asestarle un golpe por la espalda del que lo salvó la providencial actuación de Clitos el Negro, quien acabó con la vida del sátrapa, permitiendo que Alejandro pudiera, por fin, salir del río y tomar una posición más favorable, a la vez que el grueso de la infantería hoplítica conseguía atravesar el río y plantear la parte fundamental de la batalla.

La infantería persa no resistió el choque de los hoplitas de las falanges macedonias y comenzaron una retirada hacia el lado por el que venía empujando el propio Alejandro.

El hundimiento del centro de la formación propició el desbaratamiento de las alas de caballería, produciéndose una desbandada general de la que sólo quedaron exceptuados los mercenarios griegos, quienes, sorprendidos por el repentino cambio en la situación, mantuvieron su formación originaria y se retiraron a un altozano donde poder resistir más eficazmente.

Alejandro envió, entonces, contra ellos la falange de infantería y ordenó a la caballería un ataque generalizado contra la posición, desde todos los frentes en el que participó él mismo, resultando muerto su caballo (no Bucéfalo), según Plutarco. El resultado fue el exterminio total o la captura de todos los mercenarios griegos que combatían a favor del Gran Rey.

Resulta difícil hacer una estimación de las bajas producidas en la batalla del Gránico ya que las fuentes no ofrecen gran información a este respecto y, además, ésta es contradictoria.

En el bando persa el número de bajas debió de rondar los 2.500 soldados de caballería, un relativamente reducido número de infantes, dada su pronta retirada (aunque Plutarco cifra este dato en 20.000), y la totalidad del contingente mercenario griego, excepto unos 2.000 que fueron hechos prisioneros.

Perecieron, eso sí, la mayor parte de sus comandantes: Espitrídates, Petenes, Nifates, Mitrobúzanes (gobernador de Capadocia), Arbúpales (hijo de Darío, hijo de Artajerjes II), Farnaces (hermano de la mujer de Darío III), Omares (caudillo de los extranjeros). Arsites escapó con vida a Frigia donde se suicidó, por ser considerado por los persas principal causante de la derrota, al haber convencido a los demás caudillos de presentar batalla, contra la opinión de Memnón.

Por parte macedonia, cayeron unos 120 soldados de caballería, a los que Alejandro hizo enterrar con honores y a cuyas familias concedió exenciones de impuestos. Veinticinco de ellos eran hetairoi, que fueron premiados por el rey con la erección de sus estatuas, esculpidas por Lisipo, que serían trasladadas a Roma en el año 146 a.C. El número de caídos entre la infantería, transmitido por las fuentes, es aún menor, lo que hace sospechar que las cifras son excesivamente bajas.

El rey trató con gran caballerosidad a los generales enemigos caídos en el campo de batalla, así como a los mercenarios griegos muertos, a los que dio una sepultura honrosa.

Sin embargo, a los mercenarios griegos capturados vivos los envió como esclavos a Macedonia, por haber luchado contra Grecia a favor de los persas y, además, no haberlo hecho con dignidad. Los atenienses se interesarán por sus conciudadanos de este grupo, solicitando a Alejandro su restitución a Atenas, pero la petición será, al menos de momento, desoída.

Trescientas armaduras persas fueron enviadas a Atenas como ofrenda a la diosa Atenea, cada una de ellas con la siguiente inscripción: «Alejandro, hijo de Filipo, y los griegos, excepto los lacedemonios, de los bárbaros que habitan Asia», clara alusión al panhelenismo de la campaña y expresa mención a la no participación en ella, para su vergüenza, de los espartanos.

La victoria del Gránico entregó en bandeja a Alejandro toda el Asia Menor. No tuvieron lugar nuevos enfrentamientos con los persas en este territorio, no fueron necesarios; esta victoria determinó la sucesión de acontecimientos que cabía prever.

XII. LA CONQUISTA DE LA COSTA

Las ciudades griegas vieron al ejército panhelénico como la oportunidad de librarse, por fin, del yugo persa y a Alejandro como su libertador y, con escasas excepciones, abrieron sus puertas y se entregaron a los macedonios.

La primera medida, tomada tras la batalla, fue la designación de un gobernador macedonio para la región gobernada por Arsites, medida con la que se empieza a vislumbrar que, en el proyecto de Alejandro, los territorios conquistados pasaban a formar parte de Macedonia, es decir, de su propio reino y no de la comunidad helénica (Koiné).

El designado para el cargo fue Calas, hacia quien fueron desviados los tributos que la población pagaba anteriormente a los persas y, tras ajustar algunos extremos de orden administrativo, se dirigió hacia Sardes, la capital de la satrapía de Lydia y la ciudad persa más importante de toda el Asia Menor.

Esta ciudad se le entregó sin presentar resistencia; de hecho, de camino hacia ella, representantes cívicos, entre los que se encontraba el propio comandante militar de la ciudadela, le habían salido al paso para ofrecerle su entrega.

La ciudad fue ocupada, pues, sin resistencia. Se encargó su defensa a Pausanias y se nombró a Nicias supervisor del impuesto que todas las ciudades aliadas debían aportar para contribuir a la campaña de Alejandro y que ahora afectaba también a Sardes. Las leyes tradicionales de Lydia fueron respetadas y mantenidas para el futuro gobierno de la ciudad.

Asandro, hijo de Filotas, fue designado para el gobierno de Lydia, para lo que recibió la correspondiente asignación de tropas, y desde allí se enviaron diferentes destacamentos para hacerse cargo del control de las zonas próximas.

En Éfeso la noticia de la victoria del Gránico provocó la defección del contingente de mercenarios griegos que guarnecían la ciudad, quienes huyeron a bordo de dos trirremes, antes de la llegada de los efectivos enviados por el rey.

Alejandro también ocupó, pues, esta ciudad sin resistencia y ordenó el inmediato regreso a ella de los exiliados por ser partidarios suyos. El gobierno oligárquico de la ciudad, filopersa, fue sustituido por un gobierno democrático, más afín a la política panhelénica de Alejandro.

La misma medida tomará en otras ciudades por entender que este tipo de gobiernos estaba más inclinado hacia su causa que los gobiernos oligárquicos, que habían preferido los persas como forma de control de la mayoría de la población.

Los impuestos recibidos de la ciudad por los persas fueron desviados hacia el templo de Ártemis y, a continuación, se produjo una matanza de filopersas que hubo de ser cortada por el propio Alejandro ante el cariz que estaba tomando (en el que eran habituales los motivos personales o económicos), lo que añadió a su aureola de caudillo invencible la de gobernante comedido y sensato, aumentando, así, el número de sus partidarios en toda el Asia Menor.

Desde Éfeso despachó varios destacamentos a hacerse cargo del control de las ciudades de la Eólide y Jonia y él mismo se dirigió, con el resto de las fuerzas, que incluían el resto de la infantería, arqueros, agrianes, jinetes tracios y cuatro escuadrones de caballería, entre los que se encontraba el de los hetairoi, hacia Mileto.

Esta ciudad, a diferencia de casi todas las restantes, no se había sometido a él (aunque su gobernante, Hegesístrato, había ofrecido a Alejandro su entrega, cambió de opinión al recibir noticias de la cercana presencia de una flota persa) y sería necesario dominarla por la fuerza.

Mientras el rey atacaba la parte externa de la ciudad y se aprestaba a lanzarse sobre el centro, Nicanor, al mando de una flota griega, compuesta de 160 naves, se adelantó a los persas en varios días y fondeó en la isla Lade, frente a la ciudad, donde ya se habían realizado importantes operaciones navales durante la guerra de 495-94 a.C. (la sublevación jonia, acaudillada por Mileto, que desencadenó la Primera Guerra Médica).

Poco después llegó la flota persa, formada por 400 naves, que, al encontrar el puerto de Lade ocupado por la flota macedonia, hubo de conformarse con fondear en Micala (escenario también de la batalla de 479 a.C. durante la Segunda Guerra Médica).

Ésta, además de ser más numerosa que la griega, estaba compuesta por expertos marinos chipriotas y fenicios, mucho más avezados que los macedonios, por lo que Alejandro desestimó el consejo de Parmenión de presentar batalla naval.

Éste venía inspirado por el augurio de que un águila se había posado en la orilla, detrás de la proa de las naves de Alejandro, pero el rey lo interpretaba de manera distinta que Parmenión y temía la posibilidad de ver el enorme prestigio militar ganado hasta ahora y su fama de invencible mermados por una derrota que, por otra parte, posiblemente acarrearía una rebelión de los aliados griegos.

Alejandro comenzó el asalto a la ciudad por tierra, intentando provocar una brecha en el muro, mientras Nicanor dirigió la flota hacia el puerto de Mileto por la zona más angosta de la embocadura impidiendo el acceso de la flota persa al puerto para llevar refuerzos a los asediados milesios.

La ciudad fue tomada al asalto ante la impotencia de la flota persa. Muchos de sus habitantes perecieron en su defensa y algunos de los mercenarios griegos consiguieron huir, flotando sobre sus escudos, hasta un pequeño islote próximo donde se aprestaron a resistir.

Su valor hizo que el rey les ofreciera la amnistía a cambio del enrole en su ejército, oferta que, naturalmente dada su situación, fue aceptada por éstos. A los supervivientes de la ciudad se les concedió el derecho de vivir libres y según sus leyes, como al resto de las ciudades de Jonia.

La flota persa, entretanto, había quedado aislada en Micala como si se tratara de una ciudad sitiada. Su abastecimiento era sumamente complicado y tenía que desplazarse considerablemente lejos para aprovisionarse de agua.

Su estrategia consistía en provocar a los macedonios para que éstos presentasen batalla pero, salvo contadas pequeñas escaramuzas entre números muy reducidos de naves, el objetivo no se consiguió, así que, con los recursos bastante agotados, finalmente abandonaron Mileto.

En este momento Alejandro decidió hacer regresar a su flota, empujado por la escasez de dinero y la consideración de que era sumamente inferior a la persa, contra la que no tendría posibilidades de éxito.

Entendía, además, que ya no le resultaba necesaria, pues dominaba el continente con su ejército terrestre y el control de las ciudades costeras determinaría que los persas, a su vez, tuvieran que retirar la suya, al no contar con ningún puerto donde fondear ni con refuerzos para sus tripulaciones.

Esta decisión se rebelaría posteriormente, si no errónea, sí, al menos, sumamente arriesgada, pues tuvo la consecuencia inmediata de aumentar más todavía el predominio persa en el mar, con el riesgo de que éstos emprendieran un ataque contra Grecia o, peor aún, contra los Estrechos, cortando las líneas de abastecimiento de Alejandro en Asia.

Efectivamente, Memnón iniciaría posteriormente una campaña que daría como resultado la conquista de Quíos, la mayor parte de Lesbos y otras islas del Egeo, llegando a sitiar, incluso, la ciudad de Mitilene, en cuyo asedio resultaría finalmente muerto, para suerte de Alejandro y de su regente en Macedonia, Antípatro, mientras otras fuerzas persas ocupaban Ténedos, frente a la costa de la Tróade (muy próxima a los Estrechos).

Sin embargo, el principal objetivo se consiguió, tomar posesión de la costa y asegurar su control. Para completarlo sólo faltaba ocupar la región del sur, Caria, la antigua Dóride, donde había otra ciudad rebelde, bastión de los persas, Halicarnaso, la patria de Heródoto.

En esta ciudad se había reunido una fuerza considerable de persas y mercenarios, amén de la flota anclada en el puerto, cuyos marineros contribuirían también a los trabajos de defensa.

Su emplazamiento, apto por naturaleza para la defensa, había sido reforzado por Memnón, designado por el Gran Rey gobernador del Asia Inferior, además de comandante de la flota, lo que planteaba una situación bastante complicada.

Tras alguna escaramuza con los defensores de la ciudad y un fallido intento de entrega de la pequeña ciudad adyacente de Mindo, que habría resultado muy útil para la toma de Halicarnaso, Alejandro se dispuso a preparar el asedio a la ciudad.

La primera medida tomada fue la colmatación de una zona del foso, de 30 codos de ancho (unos 15 m) y unos 15 de hondo, que protegía la muralla, para poder aproximar las helepoleis (torres de asalto que proporcionan a los asaltantes superioridad en altura sobre los defensores de la muralla para arrojar los proyectiles).

En este asedio se documenta por primera vez, junto con las lanzadoras de dardos (oxyboloi o doryboloi), la utilización de las máquinas lanzadoras de piedras (los petroboloi o lithoboloi), en colaboración estrecha con las helepoleis, aunque aún con un uso limitado a su empleo contra personal.

Es importante, sin embargo, porque supone un ensayo para su perfeccionamiento, aumentando la potencia de los resortes de torsión (posiblemente, como indica Marsden, en este momento se trataba todavía de resortes de no torsión), que permita su utilización contra muros, como ocurrirá posteriormente en el asedio de Tiro.

También está atestiguado el empleo de arietes para socavar la muralla y las torres de la ciudad, así como el uso de manteletes metálicos para proteger la aproximación de las tropas a la muralla enemiga.

Con la utilización de la maquinaria de asalto se logró provocar el hundimiento de dos torres de la muralla, a lo que se añadiría el posterior derribo de un lienzo de muro, que en adelante constituiría el punto débil de la defensa de la ciudad.

Las primeras salidas de los defensores para incendiar el material poliorcético de los macedonios fueron rechazadas sin grandes dificultades y con un número reducido de bajas por ambos bandos, estando en alguna de ellas, incluso, a punto de apoderarse los macedonios del muro, que había quedado parcialmente desguarnecido por los defensores que habían acudido a colaborar en la refriega.

En una de ellas, sin embargo, se trabó una dura batalla bajo los muros de la ciudad que ocasionó grandes pérdidas a los defensores cuando éstos, arrollados por la infantería macedonia, huyeron precipitadamente, atropellándose en los estrechos pasos de las puertas y provocando con su peso el hundimiento de un puente sobre el foso.

El pánico de los defensores de la muralla colaboró a aumentar el desastre al cerrar prematuramente las puertas de la ciudad por miedo a que penetraran en ella los perseguidores junto con los fugitivos y dejar a estos últimos fuera, al pie de la puerta, para que fueran aniquilados por los macedonios.

Los comandantes persas Orontóbates y Memnón comenzaron a pensar en las escasas posibilidades de éxito en la defensa de la ciudad por el gran número de bajas y el parcial derribo del muro. Optaron, entonces, por incendiar los depósitos de armas, la maquinaria de defensa y parte de la ciudad y retirarse a las alturas circundantes, donde la defensa podría efectuarse más fácilmente.

Alejandro ocupó la ciudad, renunciando a acosar a los retirados a la acrópolis y a las pequeñas ciudades en las alturas que, por otra parte, ya no podían causar graves problemas al haber perdido Halicarnaso y sí un retraso en sus planes si se entretenía con ellos.

Nombró gobernadora de Caria a Ada, la hermana de Mausolo, quien había sido desposeída del gobierno por su cuñado Pixódaro con ayuda de Orontóbates y los persas. Su colaboración total con los macedonios hizo que, tomada la ciudad, Alejandro la restableciera como gobernadora del territorio.

XIII. LA CONQUISTA DE ANATOLIA

Dejando a Ptolomeo (no el hijo de Lagos, posterior Diádoco) encargado del control del territorio con una fuerza de 3.000 hoplitas mercenarios y 200 soldados de caballería, se puso inmediatamente en camino con destino a Frigia.

Primeramente despachó a los recién casados, con permiso para invernar en Macedonia con sus esposas, al mando de generales en las mismas circunstancia, a los que encomendó el regreso a Asia de estos soldados y la leva de refuerzos para la campaña siguiente.

Encargó a Parmenión, con las correspondientes tropas, que se encaminara a Frigia, pasando primero por Sardes, mientras él mismo tomaba el camino del sur, por Licia y Panfilia, para controlar la costa sur de la península de Anatolia e inutilizar la flota persa y llegar, simultáneamente, a Frigia desde dos direcciones distintas.

No nos es conocido con precisión el camino exacto que siguió pero sí que se apoderó de todas las ciudades de la zona sin encontrar resistencia digna de ser mencionada.

Plutarco nos cuenta, en otra de sus anécdotas, que en esta región tuvo lugar un prodigio que venía a confirmar nuevamente el éxito de la expedición. Cerca de la ciudad de Xantos, una fuente cambió repentinamente de curso arrojando una plancha de bronce en la que, grabado en caracteres antiguos, se vaticinaba el fin del imperio de los persas, aniquilado por los griegos.

Nuevamente nos encontramos en el terreno del mito, pero no deja de ser significativo del carácter heroico de la expedición y del paulatino aumento de la leyenda de Alejandro como caudillo invencible.

Lo que sí es histórico es la existencia de una conjura contra la vida del rey. En la ciudad de Faselis, en Licia, se supo que Alejandro, uno de sus hetairoi, del clan de los Lincestas, hermano de implicados en el asesinato de Filipo y (principal dificultad) yerno de Antípatro, el regente que Alejandro había dejado en Macedonia, había negociado con Darío su ascenso al trono de Macedonia y 1.000 talentos de oro a cambio del asesinato del rey.

El emisario persa, un tal Sisines, cayó en manos de Parmenión y, directamente de su boca, conoció Alejandro los detalles del complot. Sometió el caso a la consideración de sus amigos, que le aconsejaron actuar con celeridad, pues el traidor estaba al mando de la caballería tesalia y podía revolverla.

Relacionó, además, Alejandro este hecho con un augurio ocurrido durante el asedio de Halicarnaso, en el que fue despertado por una golondrina que chillaba estruendosamente y que volvía a insistir aunque él la apartó con la mano. El adivino Aristandro le previno de que el presagio anunciaba una conspiración contra él pero que no tendría éxito por haber sido denunciada por la golondrina. Ante esta coincidencia, Alejandro ordenó a Parmenión el arresto de su homónimo para no provocar la ira de Antípatro.

Desde esta ciudad Alejandro envió un contingente por el interior y él mismo continuó por la costa, ruta que sólo es posible cuando el viento sopla del norte (de la tierra hacia el mar); en esta ocasión soplaba del sur pero cambió radicalmente, lo que fue atribuido a la intervención divina en su favor, evocando, nuevamente, la Ilíada.

De camino hacia Frigia, pasó por el territorio de los pisidios, pueblo especialmente belicoso, donde tuvo que doblegar la resistencia de algunas ciudades como Aspendos, Termeso y Sagaleso, lo que se consiguió con relativa facilidad.

Reunido nuevamente con Parmenión, el grueso del ejército macedonio llegó a la ciudad de Gordión, donde se les unieron los generales y soldados despachados a Macedonia a invernar, con el contingente de nuevos soldados, unos 3.000 infantes macedonios y 300 jinetes, más 200 jinetes tesalios y 150 eleos.

También recibió el rey aquí la primera embajada de Atenas, interesándose por la libertad de los prisioneros atenienses capturados en el río Gránico y deportados a Macedonia. Alejandro negó su liberación en esta ocasión por haber luchado con los persas contra su patria y por estar la guerra en plena efervescencia, pero aseguró reconsiderar la situación cuando las circunstancias bélicas cambiasen, lo que tendría lugar en 331 a.C. en Tiro, tras su regreso de Egipto.

La ciudad de Gordión pertenece a la Frigia Helespóntica, de la que es capital, está bordeada por el río Sangarios que desemboca en el Ponto Euxino (mar Negro) y debe su nombre al mítico rey Gordio, padre del no menos mítico Midas.

Tras la toma de la ciudad, Alejandro se dirigió al templo de Zeus, donde se conserva el carro de Gordio con su famoso nudo en el yugo, cuya tradición es la siguiente.

Gordio era un campesino que araba sus tierras con su yunta de bueyes cuando un águila se posó sobre el yugo y continuó allí hasta que Gordio terminó su faena (en otras versiones comenzaron a revolotear sobre él toda clase de aves). Terminada ésta, Gordio se dirigió a la ciudad a consultar a los adivinos el significado de este hecho.

A las puertas de la ciudad encontró a una muchacha que, de familia adivina, le aconseja que vuelva al lugar y realice un sacrificio a Zeus Rey, pues se le pronostica un reino. La chica acompaña a Gordio, le indica la forma correcta de realizar el sacrificio y Gordio contrae matrimonio con ella (del que nacerá Midas, rey de fabulosas riquezas, a quien Diónisos concedió el don de convertir en oro todo lo que tocaba).

La guerra civil asolaba Frigia y, consultado sobre la solución, un oráculo explica que ésta viene de la elección de un rey y, en cuanto a su persona, ordena coronar al primero que se dirija al templo de Zeus en un carro.

Apareció Gordio y lo coronaron rey y él, en agradecimiento, hizo donación al templo del carro que lo transportó.

El carro tenía un yugo sujeto con un nudo de tal complejidad que su desenlace era prácticamente imposible. Estaba formado por gran cantidad de nudos entrelazados, de manera que ni se veían sus cabos ni se podía distinguir el trabajo. La tradición mantenía que quien fuese capaz de deshacerlo conquistaría el imperio de Asia.

Era una oportunidad propagandística excepcional como para dejarla pasar. Alejandro estudió la situación y probó a desatarlo de diferentes maneras, todas ellas fracasadas y, ante la posibilidad de que el oráculo se volviese en su contra y perder predicamento entre sus hombres, optó por desenvainar la espada y cercenarlo de un tajo, exclamando: «¡Ya está desatado!

Otras versiones de la historia nos hablan de que Alejandro retiró la clavija de la lanza del carro, separando éste del yugo y, posteriormente, sujetando el yugo, consiguió deshacer el nudo. En cualquier caso, los macedonios quedaron convencidos de que el oráculo se había cumplido y tenían expedito el camino del imperio de Asia.

El ejército se puso luego en camino hacia Ancira (la actual Ankara) en la región que, posteriormente, sería denominada Galatia (por la invasión y establecimiento en ella durante el siglo III a.C. de invasores celtas [galos]).

Recibió la sumisión de todo el territorio, así como la de Capadocia, de manera que dominaba ya de forma efectiva todo el territorio hasta más allá de la orilla derecha del río Halys.

A continuación se dirigió hacia las Puertas Cilicias, un angosto paso, descrito por Jenofonte en la *Anábasis*, que comunica Capadocia con Cilicia. Aunque el desfiladero estaba custodiado por una poderosa guarnición persa, Alejandro consiguió forzar su paso y penetrar en Cilicia con dirección a la ciudad de Tarso, donde llegó apresuradamente al recibir noticias de que el gobernador persa, Arsames, pensaba abandonar la ciudad (al conocer el paso de las Puertas Cilicias) tras haberla saqueado antes.

En esta ciudad Alejandro se bañó en las gélidas aguas del río Cidno, que parte la ciudad en dos, procedente de las cumbres del Tauro, contrayendo lo que las fuentes llaman unas fiebres que le provocaron afonía, convulsiones e insomnio y con pocas expectativas de curación.

El único médico que creía en la posibilidad de curación era un tal Filipo de Acarnania, quien le prescribió una purga. Cuando ya estaba preparada la copa, Alejandro recibió una carta de

Parmenión en la que le recomendaba guardarse del médico Filipo, que, según sus informes, había sido sobornado por Darío.

Alejandro, sin embargo, pensó que era mejor arriesgarse a tomar la dudosa cura que permanecer en la seguridad de la muerte por enfermedad, por lo que tomó el remedio mientras entregaba al médico la carta de Parmenión y estudiaba su reacción. Ésta fue de tranquilidad, lo que, a su vez, apaciguó a Alejandro. El brebaje hizo efecto y la fiebre remitió.

Continuó después con la ocupación de toda Cilicia, comenzando con los pasos que la separan de Siria (las Puertas Sirias), por donde podría venir el contraataque persa, y la dominación de todas las ciudades, en las que estableció regímenes democráticos afectos a su causa.

A muchas de ellas las liberó de los tributos que debían pagar a los persas; en otros casos se limitó a transferírselos a sí mismo para contribuir al mantenimiento de la expedición.

En este momento recibió la noticia de la muerte de Memnón en el asedio de Mitilene, con lo que la amenaza persa de ataque sobre Grecia y corte de abastecimientos y comunicaciones en los Estrechos remitía en gran medida, así como la victoria de Ptolomeo y Asandro sobre Orontóbates y la toma de la acrópolis de Halicarnaso y las ciudades que la rodean, donde los persas se habían hecho fuertes tras la caída de la ciudad.

Entretanto Darío III había reunido un enorme ejército en Babilonia y ardía en deseos de presentar la batalla definitiva al macedonio. Era animado a ello por un sueño en el que veía el campamento macedonio envuelto en llamas y a Alejandro llevado a su presencia vistiendo las mismas ropas que él llevaba cuando ascendió al trono (era astandes, intendente real). Tras pasear a caballo por Babilonia, Alejandro penetraba en un bosque y se desvanecía.

La interpretación era la siguiente: el incendio del campamento enemigo, la conducción de Alejandro a su presencia con la ropa de servirle como ayudante y su desaparición final. Conclusión: victoria segura.

Pero también se podía interpretar como: fulgor del macedonio, su conversión en Gran Rey (siguiendo los pasos de Darío y en su sustitución), celebración triunfal en Babilonia y, eso sí, reinado breve.

Las fuerzas persas estaban compuestas por 100.000 soldados persas: 30.000 jinetes y 70.000 soldados de infantería; 60.000 medos: 10.000 jinetes y 50.000 infantes; 47.000 armenios: 40.000 infantes y 7.000 jinetes; 42.000 dérbices: 40.000 infantes, armados con picas, y 2.000 jinetes; 8.000 infantes y 200 jinetes de las provincias del Caspio; 2.000 infantes y 4.000 jinetes de otras regiones del imperio y 30.000 mercenarios griegos. En total, pues, unos 300.000 hombres, según Q. Curcio, que Plutarco eleva al doble y Justino deja en 400.000 infantes y 100.000 jinetes.

Ante este despliegue de poder, el propio Darío se deja deslumbrar, animado, además, por la creencia de que el retraso de Alejandro en Cilicia por la enfermedad se debe al miedo y por los consejos de sus cortesanos que lo animan a la batalla. El único disidente de esta opinión es el general ateniense Caridemo, que le previene de lo heterogéneo de sus fuerzas y de las virtudes castrenses de los macedonios, consejo que no gustó al rey, quien mandó ejecutarlo.

El ejército persa se pone en marcha encabezado por los distintivos religiosos: el fuego sagrado y eterno que representa a Ahura Mazda, el carro de éste, los sacerdotes y, a continuación, las tropas, encabezadas por los Inmortales, un escuadrón escogido de caballería, compuesto por 10.000 soldados, cuyas bajas se reponían automáticamente, estando siempre al completo (de ahí su nombre).

Entre toda la suntuosidad del cortejo destaca la figura del propio rey, vestido con un manto púrpura, bordado en oro, y coronado con la Kídaris, la tiara distintiva de la realeza en Persia. Tras él viajan también su madre, esposa e hijos en sendos carros, sus concubinas, eunucos, esposas de parientes y cortesanos y toda una legión de acompañantes.

Con esta variopinta multitud, Darío salió de Babilonia y, remontando el Éufrates, llegó a las llanuras de Siria, que atraviesa en dirección a Cilicia, contra la opinión del desertor macedonio Amintas, que le aconsejaba la lucha en campo abierto, donde la superioridad numérica de sus tropas haría el trabajo por sí misma.

Sin embargo, el rey temía que los enemigos huyeran al enterarse de su presencia. Amintas le aseguró que Alejandro no sólo no huiría sino que probablemente ya se dirigía a su encuentro.

El consejo de Amintas no prevaleció y Darío se dirigió, por Siria, hacia Cilicia, mientras Alejandro se aseguraba el control de las alturas en todos los desfiladeros. El encuentro tendría lugar en ciudad de Issos, la puerta de Siria.

Esta ciudad había sido abandonada por los persas y, rápidamente, ocupada por las fuerzas de Parmenión, que ya se había reunido con Alejandro, tras ocupar los desfiladeros.

Darío se encaminó hacia la zona, a través del paso Amánico, mientras Alejandro lo hacía por la costa hacia la llanura siria, de manera que se cruzaron y el persa llegó a quedar a la espalda del macedonio.

Darío se apoderó nuevamente de Issos, dio muerte a los macedonios que habían sido dejados allí por estar heridos o padecer alguna enfermedad y cortó a otros las manos y les quemó los muñones con objeto de acobardar a los restantes.

Nuevamente cometió Darío el error de considerar esta circunstancia como huida de Alejandro, quien se mostraba remiso a entablar el combate, lo que le envalentonó más aún y reafirmó su decisión de presentar batalla inmediatamente, incluso entre los desfiladeros.

El rey, al recibir estas noticias, decidió comprobarlas enviando a la ciudad, por mar, unos exploradores que le confirmaron todo lo ocurrido y le informaron que Darío venía en su persecución, dirigiéndose ahora, por tanto, hacia la llanura siria.

Inmediatamente, Alejandro dio orden de volver sobre sus pasos, dirigiéndose de nuevo hacia Issos (máxime al comprobar que el propio Darío formaba parte del ejército) con la intención de no desaprovechar la ventaja de combatir en zona angosta.

Arriano nos transmite en este momento una arenga de Alejandro a sus tropas. Se trata de un discurso, sin duda recreado, según la costumbre de Tucídides, a quien ambos habían leído.

Es tradicional que antes de la batalla el general arengue a sus tropas (así se nos transmite por todas las fuentes de todos los generales, tanto griegos como romanos, en todos los momentos cruciales); por lo tanto, se trata de discursos, o bien absolutamente inventados, en beneficio de la narración, o, como mucho, recreados literariamente, por el historiador, sobre unas breves palabras del general.

En esta ocasión Arriano nos cuenta que Alejandro hizo alusión a todas las ventajas de presentar batalla en estos momentos.

Se trataba de aguerridos macedonios (ya vencedores en ocasiones anteriores) contra reblandecidos persas y medos (ya vencidos antes), con aliados (ilirios, peonios, tracios, etc., los más duros de Europa) contra aliados de los persas débiles y afeminados, con la caballería tesalia, beocia, peloponesia, tracia y macedonia con las que no contaba Jenofonte y aun así fue capaz de lograr su gran gesta (y con un ejército más reducido).

Era un enfrentamiento entre hombres libres y esclavos temerosos del Gran Rey, que los dominaba. Incluso entre los griegos que combatían en ambos bandos había sensible diferencias: mientras los del bando panhelénico luchaban por Grecia, los del bando persa lo hacían por una soldada, que, por otra parte, no era excesivamente generosa.

Esta vez no se trataba, además, de enfrentarse a los sátrapas provinciales sino al propio Darío, a la crema del imperio persa, lo que les reportaría mucha más gloria aún de la que hasta entonces habían cosechado (por no hablar del botín). Sería el enfrentamiento decisivo y el final de sus penalidades.

Es un enfrentamiento de caudillos dispares, entre Alejandro (invencible) y Darío, y hasta la divinidad se vuelve a poner nuevamente de su parte al inducir al rey persa a presentar batalla en una zona angosta, perdiendo, así, casi toda la ventaja que le proporcionaba su inmensa superioridad numérica.

Las tropas terminaron aclamando al rey e instándole a que se pusiera a su frente para presentar la batalla definitiva de manera inmediata.

Terminada la alocución, el rey de los macedonios y hegemón de los griegos realizó los pertinentes sacrificios a los dioses helénicos y a los titulares de la región, ordenó a sus tropas cubrir sus necesidades y se puso en marcha hacia las Puertas para asegurarse su control.

XIV. LA CAMPAÑA DE SIRIA Y EGIPTO
LA BATALLA DE ISSOS

El combate tendría lugar en noviembre de 333 a.C. Alejandro bajó sus tropas, al amanecer, desde las Puertas hacia la llanura en un estrecho orden de marcha, dada la angostura del camino y, a medida que éste se iba ensanchando, iba desplegando la formación en orden de combate hasta que ocupó toda la zona, desde el monte, por el lado derecho, hasta el mar, por el izquierdo.

A medida que avanzaban y se iba ensanchando el espacio fue posible completar el despliegue, saliendo la caballería desde detrás de las falanges hoplíticas a ocupar sus puestos en la formación.

En el flanco derecho, y hacia el centro de la formación, estaban: Nicanor (el hijo de Parmenión), al mando del agema y de los hipaspistas, junto al monte; a su lado Ceno (hijo de Polemócrates y yerno de Parmenión); luego Pérdicas (emparentado con la familia real), cada uno de ellos al mando de su correspondiente falange hoplítica.

En el flanco izquierdo estaba el batallón de Amintas (hijo de Andrómedes y hermano de Simnias, Atalo y Polemón), a continuación el de Ptolomeo (hijo de Lagos y Arsinoe y futuro faraón de Egipto) y finalmente el de Meleagro (hijo de Neoptólemo). Crátero mandaba el bloque de la infantería en el ala izquierda, a las órdenes de Parmenión, que era el comandante de todo el flanco izquierdo, mientras el propio Alejandro se encargaba de la dirección del derecho.

Parmenión había recibido la orden expresa de Alejandro de no abandonar, bajo ninguna circunstancia, la orilla del mar para

Alejandro ordena construir una ciudad, obra de Constanzio.

evitar que el excesivo número de los enemigos terminase por desbordar y envolver la falange.

La caballería se encontraba desplegada en los extremos de los flancos. Macedonios y tesalios reforzaban el ala derecha y los peloponesios la izquierda. Cuando Alejandro observe que los persas concentran su caballería en su lado derecho (el del mar) ordenará a los tesalios cambiar de ubicación hacia ese lado, pero por detrás de la falange, no por delante de la formación, para que los persas no aprecien la maniobra.

La vanguardia estaba constituida por tropas ligeras de tracios y cretenses, mezclados con arqueros y honderos, bajo el mando de Sitalces.

Darío, por su parte, al conocer el avance de Alejandro hacia él, intentó ocupar el monte con la intención de rodear a las tropas macedonias. Ordenó que 30.000 jinetes y 20.000 infantes atravesaran el río Pínaro para establecer un freno que le diera el tiempo necesario para el despliegue de sus tropas, pues iban en orden de marcha, creyendo que perseguían a un enemigo en fuga y quedaron sorprendidos y aterrados por la presencia de los macedonios, listos para la batalla.

Al frente de la formación colocó a sus 30.000 hoplitas griegos mercenarios, tras ellos, y en ambos flancos a los peltastas cardacos, unos 60.000 efectivos. Otros 20.000 contactaban con el monte de la izquierda, frente al flanco derecho macedonio. La caballería ocupa preferentemente el flanco derecho, el lado del mar, la zona más apta para sus evoluciones. El resto del ejército se despliega en fondo, por nacionalidades, dada la angostura del lugar y su imposibilidad de despliegue.

Las cifras del bando persa son absolutamente exageradas, comenzando por el número de mercenarios griegos, siguiendo por la línea de frente que arroja más de 100.000 hombres y terminando por las cifras totales que oscilan entre 600.000 (Arriano y Plutarco), 500.000 (Diodoro y Justino) 300.000 (Q. Curcio).

La costumbre de elevar las cifras de las fuerzas enemigas está presente en toda la tradición historiográfica de la Antigüedad, como forma de agrandar la gesta de la victoria o justificar la derrota en caso de que ésta se produzca (Jenofonte llega a hablar de 1.000.000 de hombres en el ejército persa en Cunaxa).

La moderna investigación ha ajustado estos número a cifras más acordes con las posibilidades reales de los estados de esta época, incluido el extensísimo imperio persa y, así, H.W. Parke estima éstas en 75.000, lo que, ciertamente, sigue suponiendo un ejército mucho más numeroso que el de Alejandro.

Terminadas las disposiciones, y ante la pasividad de Darío, que no daba órdenes de avanzar y permanecía junto al río, donde el terreno le era favorable (y él lo había mejorado más aún con la construcción de una empalizada), Alejandro dio la orden de avanzar, lentamente y haciendo frecuentes paradas para que sus hombres no llegaran ya fatigados al combate por un apresuramiento excesivo en la aproximación y para que las falanges de vanguardia no se distanciaran excesivamente del resto de las fuerzas.

Al alcanzar la distancia de tiro de los proyectiles, Alejandro, con el ala derecha, cargó a la carrera hacia el río, provocando el pánico entre los enemigos y llegando al cuerpo a cuerpo, sin apenas recibir bajas por parte de los arqueros.

La carga del ala derecha hundió el flanco izquierdo persa, que comenzó a retroceder, pero el centro de la formación se encontró con una dura resistencia, por parte de los mercenarios griegos de Darío, que provocó el retraso de esta zona con respecto al flanco derecho y el consiguiente desequilibrio de la formación.

A continuación se trabó la batalla por controlar el centro de la formación, donde el rey macedonio se comportó como general y como soldado, participando en lo más duro del combate.

El resultado de esta actuación fue una cuchillada en el muslo que el propio Alejandro describió a Antípatro, su regente en Macedonia, como superficial y poco peligrosa, y cuya autoría alguna fuente (Cares, introductor de cámara de Alejandro que escribió diez libros de memorias) asigna al propio Darío, planteando, de esta manera, una lucha personal entre ambos monarcas, que tiene todos los visos de ser un recurso literario.

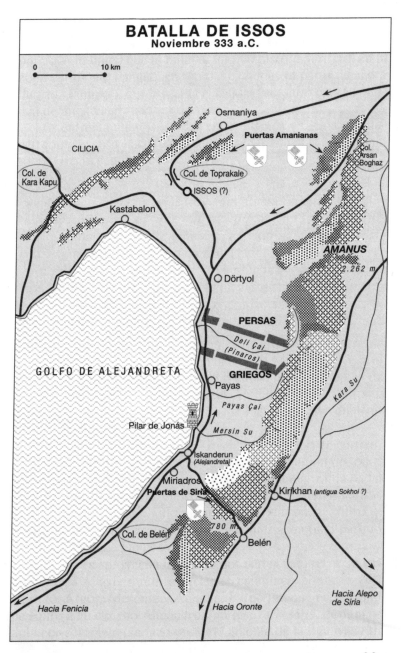

Ciertamente, el rey persa se hacía notar en la batalla, elevado sobre su carro y destacando por su atuendo.

Curcio cuenta que en torno a él se trabó una feroz lucha, pues los enemigos se le acercaban para atacarlo y sus soldados para defenderlo, cuyo resultado fue el amontonamiento junto a su persona de los cadáveres de destacados dirigentes persas como Atizies (sátrapa de la Gran Frigia), que había participado en la batalla del Gránico, Reomitres (otro sátrapa que también había participado y sobrevivido a la batalla del Gránico) y Sábaces (sátrapa de Egipto) y que el propio hermano del Gran Rey, Oxatres, tuviera que organizar una barrera con sus jinetes en torno al carro real para evitar su caída en manos macedonias.

En cuanto al comportamiento de Darío en la batalla, las fuentes discrepan; así, algunas hablan de su participación personal en el combate (Cares, quien le asigna la herida sufrida por Alejandro), mientras que la mayoría reflejan una actitud temerosa y cobarde que culminó con la pérdida de los nervios, en el momento álgido del enfrentamiento, y la huida volviendo grupas en su carro (Arriano) o montando en un caballo que llevaba preparado para el efecto si era necesario.

El ejemplo del rey fue seguido por la mayor parte de los persas que lo presenciaron, produciéndose entonces una auténtica desbandada.

El único punto donde los persas consiguieron crear problemas serios a los macedonios fue en el ala izquierda de éstos.

Allí la caballería persa, que formaba en su flanco derecho, cruzó el río y atacó violentamente a los jinetes tesalios, ante lo que éstos reaccionaron aprovechando su mayor ligereza, que les proporcionaba una mejor maniobrabilidad.

Realizaron una retirada para, a continuación, volver bridas, y cargar contra los sorprendidos persas, que los creían en fuga y que no pudieron maniobrar con la misma celeridad, dada su pesadez, pues se trataba de catafractatos, una caballería pesada persa, compuesta por jinetes acorazados, cubiertos, tanto ellos como los caballos, con láminas de metal que mejoraban la defensa pero perjudicaban la rapidez y maniobrabilidad.

El comportamiento de la caballería persa del flanco derecho fue, no obstante, muy encomiable, pues, aun habiendo observado la retirada y fuga del rey, no cedieron en su ímpetu hasta que comprobaron que éste había conseguido ponerse completamente a salvo.

Sólo entonces comenzaron ellos también la huida, atropellándose unos a otros, de forma que se autocausaban más bajas que las que les ocasionaban los enemigos. Su huida vino a sumarse a las del resto de las tropas, dándose, por tanto, las fuerzas persas a una desbandada generalizada en todas las secciones del frente, durante la que los perseguidores causaron un elevadísimo número de bajas, tanto entre los jinetes como en la infantería.

La debacle persa fue completa. El Gran Rey consiguió huir, abandonando su campamento con todas sus posesiones, incluidos los distintivos de la realeza y sus objetos personales, que abandonó en su carro, cuando cambió éste por un caballo, con el que poder huir por terrenos más abruptos, según nos cuenta Arriano. Sólo la caída de la noche lo libró de ser apresado por Alejandro, que lo perseguía, y hubo de conformarse con sus posesiones.

Curcio y Arriano coinciden en estimar las bajas persas en 100.000 infantes y 10.000 jinetes y la investigación moderna coincide en considerarlas absolutamente desproporcionadas, máxime cuando Curcio ofrece 300 infantes y 150 jinetes caídos en el bando macedonio.

Los macedonios se apoderaron del campamento de Darío con todas las riquezas que éste no había conseguido alejar hacia Damasco (también esta parte caería poco después en manos de Parmenión).

Los soldados saquearon concienzudamente las opulentas riquezas del campamento persa, respetando intacta para el rey, según la costumbre, la tienda de Darío con todas sus posesiones. Alejandro entró en ella dispuesto a celebrar el éxito quitándose «el sudor de la victoria en el baño de Darío». «En el baño de Alejandro», le corrigió uno de sus hetairoi, como nos cuenta Plutarco, pues el vencedor es legítimo propietario de las antiguas posesiones del vencido. Esta idea se aplicará, posteriormente, a la totalidad del estado persa.

No obstante, la posesión más valiosa de la que se apoderó Alejandro en Issos fue la propia familia de Darío: su madre, Sisigambis, su esposa y hermana, Estatira, y sus hijos: Okhos (de seis años), Estatira (que, posteriormente, casaría con Alejandro) y Drypetis (posteriormente casada con Hefestión). Su captura le proporcionaba a Alejandro unos rehenes de incalculable valor. En adelante Darío se encontraría en una situación muy difícil.

La familia del rey persa se lamentaba creyéndole muerto, al haber visto sus objetos personales en manos de Alejandro. Éste envió a uno de sus compañeros, Leonnato, para que les informara de que Darío había conseguido escapar con vida y los tranquilizara sobre el destino que les esperaba a ellos mismos. Se les mantendría su tratamiento real, riquezas y privilegios, pues su enfrentamiento con Darío no era personal sino político.

Tanto Arriano como Curcio coinciden en comentar la anécdota de que la primera vez que la madre de Darío vio a Alejandro lo confundió con Hefestión, uno de sus hetairoi, confusión que el rey, lejos de recriminar, aprovechó para halagar a su compañero, de quien dijo que «no había habido error, pues Hefestión era otro Alejandro».

Los caídos en la batalla, entre los que se encontraba Ptolomeo (hijo de Seleuco), fueron debidamente sepultados, con una sencilla ceremonia de cremación, en la que no faltó el elogio personal de cada uno, hecho por el propio rey.

También se permitió a la familia de Darío dar sepultura, según sus costumbres, a sus caídos, muchos de los cuales eran parientes de la familia real. Sisigambis decidió no hacer ostentación en la ceremonia, viendo la sencillez de la ceremonia de los vencedores macedonios.

Se realizaron los reajustes oportunos en el mando militar y en la administración de los nuevos territorios. Así, Bálacro (hijo de Nicanor y componente de la guardia personal del rey) fue designado sátrapa de Cilicia y Menes ocupó su puesto de somatophylax, mientras Poliperconte (hijo de Simnias) se hizo cargo del mando del batallón del caído Ptolomeo.

Darío no dejó de huir durante toda la noche y a la mañana siguiente comenzaron a unírsele algunos de los supervivientes del ejército persa. El número de éstos era limitado, ya que no todos lo habían hecho en la misma dirección ni podían seguir el ritmo de marcha de las monturas reales. Entre ellos, nos dicen las fuentes, figuraba una respetable cantidad de mercenarios griegos (unos 4.000).

Su objetivo era llegar a la ciudad de Tapsaco, desde donde dirigirse, en línea recta, hacia el Éufrates para interponerlo entre el ejército macedonio y él mismo y para ocupar efectivamente el máximo territorio posible que poder retener.

Por su parte, algunos desertores macedonios, entre los que se encontraba Amintas (el hijo de Antíoco), y mercenarios griegos se dirigieron hacia el puerto fenicio de Trípoli, donde se apoderaron de las naves que ellos mismos habían traído de Lesbos y con las que zarparon hacia Chipre, primero, y Egipto después.

Amintas percibió claramente la magnitud del desastre persa y determinó sacar provecho personal de él, apoderándose de lo que pudiera. Persuadió, así, a los mercenarios griegos que lo acompañaban de que los egipcios, que odiaban a los persas, los verían como liberadores, se pondrían de su parte y les resultaría sencillo apoderarse del país.

Tras apoderarse de Pelusium se dirigió a Menfis, la antigua capital del reino de los faraones y residencia del sátrapa persa, consiguió derrotar a las guarniciones del Bajo Egipto y, efectivamente, la población se le unió en una bacanal antipersa.

Éstos tuvieron que refugiarse en la ciudad, desde donde el gobernador, Mázaces, reorganizó las tropas, y sorprendió a los mercenarios, que resultaron derrotados, perdiendo Amintas la vida en el enfrentamiento. Momentáneamente, Egipto seguía bajo control persa.

La derrota de Issos provocó una gran consternación entre las fuerzas persas que habían conseguido recuperar algunas islas del Egeo, como Quíos. Los comandantes de la zona, Farnábazo y Autofrádates, intentaron reforzar estas posesiones con nuevas guarniciones, a la vez que negociaban una alianza antimacedonia con el rey Agis III de Esparta, decididamente opuesto a la empresa de Alejandro.

Éste, mientras tanto, asignó los nuevos gobiernos de la zona recién incorporada. Memnón (hijo de Cerdimnas) recibió el gobierno de la satrapía de Siria Interior, el norte de Siria en su parte alejada de la costa, y Parmenión fue encargado de la Celesiria, la franja que se extiende de Damasco a Judea equivalente a la actual Palestina.

Alejandro, personalmente, se dirigió hacia el sur, por la costa, recibiendo a los embajadores de las ciudades fenicias que le salían al encuentro. El rey Estratón de Arados le hizo entrega del dominio de su ciudad y de los territorios circundantes, una vez que su padre y antecesor (Geróstrato) había huido con los persas hacia Chipre y Egipto.

Estando en esta zona se presentaron al rey unos embajadores persas que le entregaron una carta de Darío. En ella el Gran Rey, a pesar de haber sido vencido, se mostraba orgulloso y altanero, aplicándose a sí mismo el título real y negándoselo a Alejandro (según la costumbre persa para la que sólo había dos reyes: Ahura Mazda, señor del universo, y el Gran Rey de Persia, su delegado).

Reprochaba en ella, también, a los macedonios la agresión contra el pueblo persa desde los reinados de Filipo y Oarses, que había roto la concordia mantenida por ambos pueblos durante el reinado de Artajerjes, y, finalmente, ahora, Alejandro había atacado, sin motivo a su país y él se limitaba a defenderlo.

Por último pedía, en tono soberbio, impropio de un vencido, a Alejandro que liberase a todos los miembros de su familia, a cambio de un rescate que podía ser «todo el oro que fuera capaz de contener Macedonia» y que regresase a su reino e intentara mantener un sistema de concordia entre ambos pueblos.

Alejandro le respondió recordándole los grandes daños que su pueblo había hecho a Macedonia y Grecia, desde su homónimo Darío I y Jerjes en las guerras médicas, su costumbre de intervenir en la política griega azuzando enemistades, su costumbre de sobornar sicarios para que cometieran asesinatos (directamente les culpa de estar tras el asesinato de su padre,

Filipo), incluida la reciente oferta por el asesinato de él mismo en Asia Menor.

Le acusa de haber sido los persas quienes comenzaron la agresión, aún en época de Filipo, de financiar a los rebeldes griegos, casi todos los cuales (Atenas) rechazaron la ayuda, no así los espartanos.

Le recuerda que ha vencido, primero a sus sátrapas, y luego a él mismo, por lo que es Señor por derecho de conquista y la voluntad de los dioses, quienes le prefieren a él.

En el mismo tono empleado por Darío le dice que venga, personalmente o por delegados, a reconocer su derrota y solicitar en tono humilde la devolución de su familia y él se la entregará sin ningún tipo de rescate, así como cualquier otra cosa que él juzgue propio concederle.

Finalmente le advierte que, en adelante, se dirija a él como su Señor, no en plano de igualdad, pues él es el rey de toda Asia. En esta última frase se aprecia ya la voluntad de Alejandro de labrarse un imperio que abarque toda Asia y no limitarse a ser el libertador de las ciudades griegas de Asia Menor, sometidas al yugo persa.

XV. EL ASEDIO DE TIRO

Desde Arados continuó su avance por Fenicia adueñándose de Biblos, entregada mediante un acuerdo, y Sidón, entregada por el rey Estratón (presionado por el pueblo contra su voluntad), a quien Alejandro sustituyó en el trono por un tal Abdalónimo.

Un caso diferente fue el de Tiro. También de camino a ella, salieron a recibir a Alejandro emisarios de la ciudad, ofreciéndole una corona de oro, pero en este caso la idea que tenían era más la de agasajar a un invitado que la de recibir a un rey.

Alejandro la aceptó y manifestó su deseo de ofrecer un sacrificio en el templo tirio de Melkart, el dios fenicio equivalente al griego Herakles, del que descienden los argéadas, es decir, a su antepasado. La situación tiene, sin embargo, otra lectura. Sólo el rey puede ofrecer sacrificios en el templo de la ciudad, por lo que Alejandro se está, claramente, autotitulando rey de Tiro.

La asamblea tiria rechazó esta pretensión, alegando que podía realizar el sacrificio en Tiro la Vieja (la primera fundación de la ciudad, en el continente). En realidad, parece tratarse de no querer tomar una abierta postura promacedonia, ante una guerra que todavía no tenía un resultado claro.

Alejandro desestimó esta posibilidad y despachó a los emisarios con la opción de permitirle el paso a la ciudad o tratar de impedírselo por la fuerza, como él pensaba hacer.

Entonces el rey se dirigió a sus lugartenientes para explicarles lo imprescindible de la ocupación de la ciudad, dada su situación estratégica (que quedaría a su espalda), a la par que no se controlaban Chipre y Egipto, su poderosa flota, que podría colaborar con los persas en llevar la guerra nuevamente a

Grecia, donde los numerosos enemigos de Macedonia no tardarían en sumárseles (espartanos y los propios atenienses).

Por otra parte, su captura supondría la utilización de la flota en beneficio propio, a la que, sin duda, se sumaría pronto la chipriota (totalmente aislada) y podrían, así, facilitar la conquista de Egipto y pacificar el Mediterráneo, asegurando el control absoluto de todos los territorios al oeste del Éufrates, para poder organizar, con tranquilidad, la expedición contra Mesopotamia y Persia.

Una noche Alejandro soñó que se acercaba a la ciudad y el propio Herakles le tomaba de la mano y lo introducía en ella. Aristandro, el adivino egipcio, lo interpretó como que la ciudad sería tomada pero a costa de un gran esfuerzo, como todos los trabajos realizados por Herakles. En efecto, el asedio duraría siete meses.

Para pronosticar esto no era necesario ningún sueño, bastaba con observar la topografía del lugar. La ciudad se encontraba sobre una isla rocosa, fortificada en todo su perímetro por muros elevados, rodeados, a su vez, por un mar muy profundo.

Para alcanzarla con proyectiles sería necesario utilizar naves (de las que no se dispone) y lo abrupto de las murallas parece hacer imposible la utilización de escalas.

La separa del continente un estrecho de cuatro estadios de ancho (unos 750 m), batido por el ábrego, un fuerte viento del sureste, procedente de África, que levanta fuertes oleajes contra la costa, lo que dificultaría en gran medida las obras poliorcéticas para la aproximación, pues cualquier tipo de dique o terraplén sería inevitablemente destruido por los embates del mar.

Por si fuera poco, el control del mar estaba en manos de los propios tirios y, como segunda potencia naval, los enemigos persas. El ejército de Alejandro era exclusivamente terrestre.

Los habitantes de Tiro, conocedores de su privilegiada topografía, que había sido capaz de soportar un asedio asirio de 13 años, vieron redoblada la confianza en sus posibilidades por la llegada a la ciudad de unos delegados cartagineses, para realizar el sacrificio anual que tradicionalmente la colonia ofrecía en su metrópolis.

Los emisarios de Cartago les exhortaron a resistir el asedio y les garantizaron el próximo envío de refuerzos por parte de su ciudad (secular enemiga del helenismo en Occidente).

Decidida, pues, la guerra, los habitantes de Tiro se aprestaron a su defensa, emplazando artillería a lo largo de las murallas y torres de defensa, distribuyendo armas entre la población, incluidos los más jóvenes.

Se movilizó a todos los obreros de la ciudad y se prepararon los harpagones y los cuervos, máquinas provistas de garfios de hierro que se utilizan en batallas navales para sujetar los navíos enemigos, así como todo tipo de otras máquinas útiles para la defensa de la ciudad.

Por su parte, Alejandro decidió construir un terraplén para conectar la isla con el continente. La empresa era ciertamente titánica, por las condiciones del lugar. Se contaba con la piedra procedente de Tiro la Vieja y con la madera de cedro traída de la cordillera del Líbano.

En principio, en aguas poco profundas cerca de la costa, los trabajos avanzaban a ritmo normal, pero, al alejarse de ella y aumentar la profundidad y bravura del mar, se hacían cada vez más difíciles, contribuyendo a la desesperación de los macedonios las burlas de los tirios, que les preguntaban si eran los bravos soldados macedonios o bestias de carga y si Alejandro era más poderoso que Posidón.

Su control del mar les posibilitaba, además, hacer frecuentes salidas para entorpecer los trabajos de construcción, haciéndolos realmente imposibles en algunos puntos y su artillería hostigaba desde las murallas a los constructores del dique, en cuanto éstos entraron en su alcance de tiro.

Fue necesario, por ello, utilizar protecciones contra los proyectiles, fabricadas con toldos y pieles, y levantar dos torres, protegidas también por cuero y pieles, contra los dardos incendiarios y dotadas de artillería, en el extremo del espigón, para poder repeler la agresión de las embarcaciones y permitir que los constructores pudieran continuar trabajando.

Así mismo, los defensores hicieron un desembarco por sorpresa en el litoral y atacaron a los que transportaban piedras, provocando gran número de bajas, a la vez que en el Líbano eran atacados también los que estaban talando árboles para el terraplén.

Alejandro dejó a Pérdicas y Crátero al mando del asedio y él mismo se puso al frente de una expedición de castigo contra estas zonas hostiles del Líbano y Antilíbano, habitadas por árabes, lo que hace que Curcio se refiera a ellas como «Arabia».

Los habitantes de Tiro dispusieron, entonces, una embarcación a la que lastraron en la popa para que la proa sobresaliera más aún en altura. Cargaron la nave con todo tipo de material combustible, aumentando, incluso, su capacidad con la prolongación de las cuadernas de madera por la proa. Sobre este material, embadurnado de pez y azufre, colocaron, mediante una viga que unía los dos mástiles, calderos con más pez y otros elementos avivantes del fuego.

Cuando el viento fue favorable remolcaron la nave, por medio de dos trirremes, hacia el espigón y la hicieron estrellar contra él, a la vez que la tripulación pegaba fuego a los materiales inflamables y se arrojaba al agua, ganando a nado con facilidad las trirremes que la habían remolcado y la escoltaban.

Éste se incendió inmediatamente, y se extendió el fuego a la maquinaria de asedio, tanto las torres como la artillería, que se encontraban sobre él. Los macedonios no podían hacer nada a favor de la extinción del fuego, ya que los tirios dominaban la situación con las dos trirremes, desde las que arrojaban todo tipo de proyectiles sobre los que se encontraban en el terraplén.

Cuando las torres del agger (término técnico latino para designar este tipo de terraplenes o espigones) se hubieron derrumbado, los habitantes de la ciudad hicieron una veloz salida en sus naves ligeras, desembarcaron en varios puntos de él y prendieron fuego a todo lo que aún no había sido alcanzado por las llamas.

Finalmente, el propio mar hizo el resto del trabajo. Un viento más huracanado de lo normal embraveció las aguas y las precipitó contra la obra, zarandeándola de tal manera que terminó partiéndola por la mitad. Las piedras que la cimentaban fueron arrancadas de cuajo y la capa de tierra que se apoyaba sobre ellas se vino abajo definitivamente.

Muchos de los trabajadores del espigón, así como de los soldados que los custodiaban, murieron a consecuencia de las llamas, mientras que otros, habiéndose arrojado al mar, fueron capturados por los tirios cuando intentaban salvarse abordando las trirremes.

Alejandro ordenó inmediatamente la construcción de un nuevo agger, pero con diferentes características. En primer lugar, mucho más ancho, para que las nuevas helepoleis quedaran fuera del alcance de los proyectiles enemigos. En segundo lugar, con una nueva orientación, de cara al viento y no de costado, como el anterior, para que el propio terraplén protegiera todas las demás obras, escondidas detrás de él.

La colmatación del estrecho se hacía utilizando preferentemente árboles enteros, cuyas ramas se entrelazaban, de modo que quedaban fuertemente sujetos bajo el peso de las piedras y, así, capa tras capa, la obra adquiría gran consistencia. Aún entonces, los tirios, buceando, conseguían cortar las ramas que sobresalían o tirar de ellas, con lo que provocaban el desplome de buena parte de la obra.

El rey ordenó, así mismo, la construcción de nuevas y numerosas máquinas de asedio y él mismo, con los hipaspistas y los agrianes, se dirigió a Sidón a reclutar cuantas naves de guerra le fuera posible.

A los barcos sidonios se unieron las naves de Biblos y Arados, que sumaban un total de ochenta, a las que se incorporaron también diez trirremes rodias, tres de Solos y Malo, diez licias, una pentecóntera macedonia y ciento veinte naves de Chipre que, al enterarse de la derrota de Issos y del control prácticamente total de Fenicia por parte de los macedonios, cambiaron abiertamente de bando, abandonando a Darío por Alejandro.

A estas fuerzas hemos de añadir la llegada de Cleandro (hijo de Polemócrato) con 4.000 mercenarios griegos que había reclutado en el Peloponeso.

Desde Sidón, la flota se hizo a la mar rumbo a Tiro. Alejandro mandaba el ala derecha, la más expuesta por dar al mar abierto, mientras que la izquierda era comandada por Crátero y el rey chipriota Pnitágoras.

Los defensores de la ciudad, al ver la magnitud de la flota de Alejandro, no se atrevieron a presentar batalla naval y se limitaron a bloquear el puerto para que los macedonios no pudieran entrar en él y utilizarlo. El choque fue pequeño y se saldó con tres trirremes tirias hundidas, mientras la flota del rey anclaba cerca del nuevo terraplén, en paralelo a la playa, a resguardo del viento.

Al día siguiente Alejandro ordenó cercar la ciudad con la flota. Los chipriotas por el lado norte, hacia Sidón, y los fenicios por el sur, hacia Egipto. Las naves fueron aproximadas a las murallas y algunas de ellas fueron atadas por la popa, con el objeto de conformar plataformas donde acomodar a los soldados y la maquinaria bélica para operar contra la muralla.

Paralelamente se procedía a la fabricación de todo tipo de material de expugnación por parte de ingenieros traídos de Chipre, Fenicia y la propia Grecia, entre los que destaca el tesalio Diades, a quien algunas fuentes asignan buena parte del mérito de la toma de la ciudad.

Entre este material podemos destacar la construcción de nuevas helepoleis, de artillería lanzadora de dardos (los doryboloi) que podían ser incendiarios y de piedras (los lithoboloi) que están ya claramente atestiguados en este asedio, sistemas de protección de los trabajadores y de la aproximación de los asaltantes (manteletes), máquinas para la demolición de lienzos de muralla (arietes y perforadores), etc.

Los tirios, por su parte, también construyeron torres de madera que adosaron a la muralla por el lado del espigón, donde ya de por sí era elevada (150 pies, unos 45 m de altura) y de un grosor proporcional, para obtener mayor altura y lograr superioridad de tiro sobre los asaltantes macedonios.

Así mismo, disponían también de artillería, especialmente máquinas lanzadoras de dardos incendiarios que utilizaban, preferentemente, contra las naves.

La aproximación de las naves a la muralla por el lado del espigón resultaba muy complicada porque los defensores habían arrojado enormes piedras al agua que dificultaban la navegación en orden, por lo que hubo que retirarlas, con grandes esfuerzos y arrojarlas a zonas más profundas.

También fue necesario blindar las naves de primera línea, ya que los tirios habían hecho lo propio con algunas de las suyas y las lanzaban contra las macedonias, cortando sus anclajes y dejándolas a la deriva. Resuelto esto, los tirios seguían cortando las cuerdas de las anclas por medio de buceadores, por lo que fue necesario sustituirlas por cadenas.

Nuevos presagios nos son transmitidos por las fuentes en ambos bandos. Así un noble tirio soñó que Apolo colaboraba con los macedonios, por lo que su estatua fue cargada de cadenas, con la acusación de proalejandrino, y la ciudad encomendada fervientemente a Herakles.

Por su parte, Alejandro soñó que un sátiro jugueteaba con él sin dejarse aprehender hasta que finalmente lo permitió. Los adivinos partieron la palabra *Sa Tyros*, dando la interpretación «Tiro será tuya» *(Sa genesetai Tyros)*.

Una vez completado el cerco, los defensores, perdida la esperanza de recibir auxilio de Cartago (donde enviaron a parte de las mujeres y los niños), consideraron su única posibilidad romperlo por el lado de los chipriotas y hacia él lanzaron un ataque por sorpresa, que tomó desprevenidas a las tripulaciones de numerosos barcos. Algunas naves fueron hundidas, entre ellas la de Pnitágoras, y otras fueron sacadas a la playa y destrozadas.

Alejandro aprestó rápidamente cuantas naves pudo y salió a enfrentarse con la flota tiria. Ésta, ocupada en su ataque a los chipriotas, no se apercibió de las señales de alarma que le hacían los defensores desde las murallas para que regresaran al puerto y cuando, por fin, se dieron cuenta y comenzaron el regreso fueron alcanzados por las naves macedonias, de las que logró escapar sólo un número reducido, llegando a capturar los macedonios una quinquerreme y una trirreme en la misma bocana del puerto.

Un nuevo presagio vino a sumarse a todos los anteriores. Un enorme monstruo marino vino a recostar su lomo sobre el espigón levantado por los macedonios, separando las olas a su paso hasta que desapareció en las profundidades.

Ambos bandos lo interpretaron de manera favorable a sus intereses. Los tirios como que Posidón, molesto con el monstruoso espigón que le robaba espacio, lo había engullido. Los macedonios como que el animal les mostraba el camino que debían seguir.

A continuación, Alejandro decidió asaltar la ciudad. Primero, por el lado del espigón, donde las dificultades eran notorias, debido a la gran altura y resistencia del muro. Luego, por el noreste, la parte que mira hacia Sidón, donde tampoco se lograron grandes avances.

Finalmente por el sur, por el lado egipcio, donde, por fin, los arietes macedonios consiguieron remover un lienzo de muro, reblandecerlo y desplomarlo. Entonces se intentó asaltar la ciudad por esa brecha, utilizando los epibathra (puentes levadizos diseñados por Diades), pero los defensores lograron rechazar la acometida sin grandes dificultades.

Los defensores de las murallas utilizaban todo tipo de recursos aparte de los convencionales. Así, por ejemplo, utilizaban harpagones y garfios que movían con máquinas y dejaban caer sobre las naves próximas a la muralla, destrozando los aparejos de los barcos y a sus ocupantes.

También calentaban al rojo vivo, en escudos de bronce, arena ardiente y barro cocido que dejaban caer sobre las tropas. Ésta era una táctica terrible, pues cuando la arena se introduce entre la coraza y el cuerpo no hay forma de desalojarla y abrasa todo lo que toca, por lo que los soldados se despojaban de sus armaduras quedando indefensos ante los proyectiles.

Tras tomarse dos días de descanso, Alejandro ordenó el asalto definitivo por el lugar donde había conseguido abrir brecha en el muro. Para ello, aproximó a la ciudad las naves, bien equipadas de artillería, arietes y pasarelas.

En primer lugar, procedió a la ampliación de la brecha del muro con los arietes hasta que el tramo derribado pareció ser suficientemente ancho para el asalto. Entonces ordenó la retirada de las naves que portaban los arietes y su sustitución en la brecha por las que llevaban las pasarelas.

Ordenó también a algunas trirremes que atacasen simultáneamente ambos puertos, para que los tirios tuvieran que enfrentárseles, distrayendo fuerzas de la defensa, y a las restantes que navegaran en torno a la ciudad, realizando desembarcos y ataques en diferentes puntos que distrajeran más fuerzas aún del lugar por donde se produciría el ataque principal.

Alejandro asaltó, pues, el muro por el lado sur y logró desalojar de él a los defensores, ocupando después las torres y almenas, desde donde se dirigió al palacio para descender hacia la ciudad.

Los marinos fenicios de Alejandro, mientras, lograron forzar el puerto sur (el puerto egipcio) de la ciudad, rompiendo las cadenas que lo bloqueaban, y atacaron a las naves tirias, forzándolas a salir al mar abierto o embarrancar.

La flota chipriota, por su parte, atacó el puerto norte (el puerto sidonio) y, prácticamente sin resistencia, se apoderó de él y de toda esa parte de la ciudad.

Al ver el muro ocupado, los defensores lo dieron por perdido y se reagruparon en las inmediaciones del templo de Agenor (el mítico fundador de Tiro y Sidón), pero los macedonios los arrasaron, provocando una gran matanza, encolerizados como estaban por la duración de un asedio tan largo (siete u ocho meses, según las fuentes [entre enero y julio o agosto de 332 a.C.]) y las penalidades sufridas durante el mismo.

Sólo se salvaron aquellos que caían en manos de los sidonios quienes, por su parentesco (ambas ciudades tenían el mismo fundador), los embarcaban ocultamente en sus naves, y que Curcio cifra en 15.000.

También perdonó Alejandro a los que se habían refugiado en el templo de Herakles, entre los que se encontraba el rey Estratón (Acemilco, según Arriano), los tirios más influyentes y la legación cartaginesa que había acudido a rendir culto a Herakles como teoros (según Curcio sólo perdonó a los cartagineses).

109

Las fuentes cifran el número de muertos en unos 8.000 tirios y para el bando macedonio ofrecen, nuevamente, cifras muy bajas. Curcio mantiene que el número de muertos entre los tirios fue de 6.000, a los que hay que añadir 2.000 más que fueron mandados crucificar por Alejandro y expuestos a lo largo del litoral. El resto de la población fue esclavizada y se vendieron unos 30.000, según Arriano, aunque Diodoro discrepa de esta cifra.

XVI. EL ASEDIO DE GAZA Y LA MARCHA A EGIPTO

Alejandro recibió una nueva comunicación de Darío, durante el asedio de Tiro (según Arriano) o inmediatamente después (según Curcio).

Los embajadores (carta según Curcio) le ofrecían diez mil talentos de oro por la liberación de la familia real, la oferta de matrimonio con Estatira, hija de Darío, y la entrega como dote de todo el territorio al oeste del Éufrates (del Halys, según Curcio).

Finalmente, el Gran Rey le recordaba que la fortuna es mutable y que él disponía aún de ilimitados recursos y de extensísimas regiones que el macedonio tendría que ir ocupando una a una, enfrentándose en nuevas batallas, que no siempre serían entre desfiladeros sino en campo abierto.

Contra algunas opiniones, como la de Parmenión (quien dijo que si él fuera Alejandro aceptaría la oferta, a lo que el rey contestó que si él fuera Parmenión opinaría lo mismo, pero como era Alejandro lo hacía de esta manera), Alejandro rechazó la oferta, alegando que todo eso y más ya lo había ganado por sí mismo y no necesitaba que le ofrecieran una parte de lo que ya era suyo.

Que si hubiera querido contraer matrimonio con la princesa aqueménida lo habría hecho sin necesidad de contar con el permiso de Darío y, finalmente, que, si quería esperar favor de él, se presentase inmediatamente y se entregase. La negociación quedó rota y Darío se aprestó nuevamente para la guerra.

Alejandro se puso, entonces, nuevamente en camino hacia Egipto, país que tenía un especial interés por dominar, por tratarse de uno de los más ricos de todo el imperio persa (era el principal productor de trigo de toda la Antigüedad y, posterior-

Estatua de Alejandro Magno como faraón, del siglo IV a.C., en el Museo Egipcio de El Cairo.

mente, sería el granero del Imperio Romano) y cuyo camino había quedado, prácticamente, expedito.

En el camino, sin embargo, se encontró con un nuevo obstáculo, la ciudad de Gaza, gobernada por un tal Batis (Betis para Curcio), que se había abastecido de provisiones abundantes para resistir un largo asedio.

La ciudad (a 21 km de Jerusalén) se encuentra a veinte estadios del mar (unos 3,5 km), construida sobre un montículo y completamente rodeada por una zona de marismas arenosas. Estaba fortificada por una poderosa muralla en todo su perímetro.

Alejandro acampó por la parte de la ciudad que le pareció más vulnerable y ordenó el montaje de la maquinaria de asedio. Los ingenieros consideraban imposible la toma de aquella ciudad, debido a la gran altura del montículo, razón por la que Alejandro veía más importante aún su captura.

Primero se intentó socavar las murallas mediante la construcción de minas (partiendo de una zona no visible desde la ciudad), aprovechando que el suelo era arenoso y no había muchas piedras que obstaculizasen el trabajo. A continuación se intentó acercar las torres a las murallas, pero el mismo suelo arenoso hacía que las ruedas se hundieran y los engranajes se desencajaran.

Fue necesario, entonces, recurrir a la construcción de un agger de asalto que diera más solidez al suelo y proporcionase, de paso, unas condiciones de igualdad en altura con respecto a los defensores de la muralla. El lugar elegido para ello, por considerarse el más idóneo, fue la parte sur de la ciudad.

Mientras el rey se disponía a realizar un sacrificio, un cuervo que revoloteaba sobre él dejó caer una piedra que llevaba entre sus garras, que golpeó a Alejandro en el hombro y se deshizo en polvo. Después se paró en una de las torres, embadurnada con betún y azufre, para pegarle fuego en el momento del asalto, y quedó pegado a ella por las alas, por lo que pudo ser capturado.

El rey consultó nuevamente a Aristandro, quien le profetizó la toma de la ciudad, a costa de resultar herido. Le aconsejó que no emprendiese ninguna acción ese día o, al menos, que fuese extremadamente cuidadoso.

La vacilación en el ataque provocó una salida de los defensores de Gaza que sorprendió a los macedonios, que comenzaron a ser desalojados del agger. Alejandro, entonces, haciendo oídos sordos al presagio, se puso la coraza y se dirigió a la parte más comprometida de la batalla.

Consiguió frenar la acometida enemiga pero recibió el impacto de una flecha que le atravesó la coraza clavándose profundamente en el hombro. Restañada momentáneamente la herida, permaneció en la lucha, alegre, a pesar de todo, porque se había cumplido parte del vaticinio y, por tanto, era de esperar que se cumpliese el resto, la toma de la ciudad.

Cuando, finalmente, le fallaron las fuerzas dio orden de retirada, lo que fue interpretado en la ciudad como la muerte del rey y una victoria sobre el ejército macedonio.

Llegó por mar, en los días siguientes (mientras el rey convalecía de su herida), material poliorcético que había sido utilizado en el asedio de Tiro, y Alejandro ordenó construir un terraplén de dos estadios (unos 360 m) de ancho por 250 pies (unos 77 m) de altura que rodeara toda la ciudad. Las máquinas fueron izadas al agger y con ellas se comenzó a batir intensamente los muros de la ciudad.

Los defensores, aunque en situación de inferioridad respecto a las torres del agger, consiguieron repeler hasta tres acometidas macedonias, si bien con gran número de bajas. En la cuarta, mientras los arietes seguían batiendo la muralla, se pudo acercar a ésta las escalas y comenzar su asalto.

Simultáneamente, Alejandro había ordenado continuar el trabajo de minado de los muros en diferentes puntos, con lo que logró, por fin, el hundimiento de algunos lienzos de muralla, por los que consiguió penetrar el ejército, trabando un combate cuerpo a cuerpo.

La ciudad estaba siendo tomada y las tropas, al avanzar, iban destrozando obstáculos, facilitando el avance y la penetración a nuevos contingentes, pero la resistencia continuaba siendo grande y los habitantes se concentraban para seguir luchando hasta el final.

El número total de bajas fue de 10.000 entre los habitantes de la ciudad y también los macedonios sufrieron graves pérdidas, pero que no son cuantificadas por ninguna fuente.

El propio Batis fue capturado, herido y exhausto, y posteriormente ejecutado, según Curcio arrastrado por un carro por los talones, como Aquiles (el antepasado de Alejandro) hiciera con Héctor (sólo este autor nos relata este hecho). La población fue vendida como esclava y la ciudad repoblada con habitantes de las zonas vecinas y convertida en plaza fuerte.

En el trato dispensado a los defensores de Gaza, especialmente a Batis, se aprecia el progresivo cambio de mentalidad de Alejandro, que siempre había sabido reconocer, y hasta premiar, el valor de los enemigos, hacia una forma de pensar más propia de las ideas orientales.

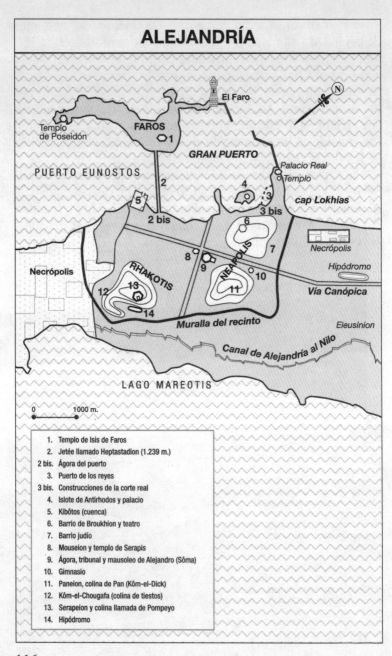

ALEJANDRÍA

1. Templo de Isis de Faros
2. Jetée llamado Heptastadion (1.239 m.)
2 bis. Ágora del puerto
3. Puerto de los reyes
3 bis. Construcciones de la corte real
4. Islote de Antirhodos y palacio
5. Kibôtos (cuenca)
6. Barrio de Broukhion y teatro
7. Barrio judío
8. Mouseion y templo de Serapis
9. Ágora, tribunal y mausoleo de Alejandro (Sôma)
10. Gimnasio
11. Paneion, colina de Pan (Kôm-el-Dick)
12. Kôm-el-Chougafa (colina de tiestos)
13. Serapeion y colina llamada de Pompeyo
14. Hipódromo

XVII. EGIPTO

Desde Gaza, Alejandro se puso en camino hacia Egipto, acompañado por la flota que lo seguía costeando. En siete días llegó a la ciudad de Pelusium, la puerta de Egipto, sin encontrar resistencia.

El nuevo sátrapa de Egipto, Mázaces (el que había acabado con el desertor Amintas), conocedor del resultado de la batalla de Issos y del comportamiento en ella de Darío, era también consciente de lo exiguo de sus propias fuerzas, muchas de las cuales habrían sido desplazadas a la batalla.

Por otra parte, la población egipcia había mostrado siempre una fuerte animadversión hacia los dominadores persas, mientras que, tradicionalmente, había mantenido buenas relaciones con los griegos, desde época saíta y durante el breve período de independencia de 404 a 343 a.C. Por todas estas razones Mázaces no opuso resistencia a las tropas de Alejandro.

Tras dejar una guarnición en la ciudad, Alejandro remontó el Nilo, dirigiéndose al antiquísimo santuario solar de Heliópolis, mientras parte de su ejército es enviada directamente a Menfis.

A continuación el rey se dirige personalmente a la vieja capital del Imperio Antiguo, donde es reconocido por el clero egipcio como «rey del Alto y del Bajo Egipto», «Bienamado de Amón y Preferido de Ra» e «Hijo de Ra»; en suma, faraón de Egipto, con lo que rompe definitivamente la dominación persa en Egipto y se reviste ante este pueblo de una legitimidad absoluta.

En esta ciudad celebró sacrificios a una gran cantidad de divinidades, especialmente las del país (y de modo especial al sagrado buey Apis, encarnación del dios tutelar de la ciudad, Ptah). Estas ceremonias nacionales, directamente relacionadas con su entronización como faraón, se mezclan con celebraciones, típicamente helénicas, de certámenes deportivos y culturales, comenzando así un proceso, aunque posiblemente aún no consciente de fusión cultural.

Desde Menfis el rey acometió los dos hechos más destacados de su paso por Egipto: la fundación de una ciudad y la visita al santuario de Amón en el oasis de Siwah.

Las fuentes no se ponen de acuerdo en el orden cronológico de ambos acontecimientos. Así, Arriano y Plutarco fechan la fundación de la ciudad antes de la visita al santuario, mientras que Curcio y Diodoro lo hacen al revés.

Nos cuenta Plutarco que, cuando el rey estaba decidido a construir una ciudad a la que dar su nombre, en un sueño un anciano le aconsejó, mediante unos versos de la Odisea, hacerlo en la isla llamada Pharos (Pharaon).

Esta isla se encontraba en el brazo más occidental de la desembocadura del Nilo, la llamada boca Canópica, junto al lago Mareotis, disponiendo de una ubicación excepcional. Un buen puerto completaba todo lo necesario para una próspera ciudad.

Plutarco y Arriano nos transmiten la anécdota de que el trazado del perímetro de la ciudad se realizó con harina, por ser el suelo de color negro, y que unas aves dieron cumplida cuenta del producto. Lo que el rey interpretó como mal presagio, fue explicado por Aristandro como que la ciudad sería próspera en todo y se le auguraba un gran futuro.

La ciudad se fundará el 20 de enero de 331 a.C. con el nombre de Alexandreia pros ton Aigipton. Su trazado quedó encargado al arquitecto Deinócrates de Rodas con la ayuda de los ingenieros militares Diades y Carias. Contaban para los trabajos con una tropa destinada a ello y con la población egipcia, en la más pura tradición faraónica.

La extensión de la ciudad será de treinta estadios de longitud (unos 5.300 m) por ocho estadios de anchura (unos 1.300 m) y quedará dispuesta en cinco barrios, organizados en torno a dos ágoras. La isla quedará unida al continente por un dique de otros ocho estadios, dotado de una calzada.

Una vez encauzada la creación de la ciudad, Alejandro se dirigió hacia el oasis de Siwah, donde existía un santuario al dios Amón que incluía un oráculo reputado como infalible. Alejandro quería consultarlo y, de paso, emular a Perseo y Herakles, antepasados suyos, que lo habían hecho antes que él. Se apunta también la idea de que el rey buscaba la confirmación de una autoridad sobre su filiación divina, que ya se ha comentado (hijo de Olimpia y Amón que lo engendró en forma de serpiente) y que lo convertiría ante todos en absolutamente invencible.

El viaje tuvo lugar por zonas especialmente áridas y abrasadoras, primero paralelamente a la costa en unos 290 km, hasta Paraitonion, y, posteriormente, girando hacia el interior donde las condiciones climáticas empeoraron aún más.

Curcio narra que en esta ciudad el rey recibió a unos delegados de la ciudad helénica de Cirene, la antigua colonia griega del norte de África, con los que suscribió un tratado de amistad y colaboración, aunque, en cualquier caso, no se puede llegar a concluir que Cirene aceptaba por rey a Alejandro.

El camino hasta el santuario estuvo salpicado de prodigios, según las fuentes, como la conducción de la comitiva (sin referencias estables de orientación) por dos serpientes (según Ptolomeo Lagos) o por dos aves (según Aristóbulo) o la lluvia, tan extraña en la zona, que se produjo de manera abundante.

El lugar donde se enclava el santuario es también árido y arenoso pero cuenta con un oasis central, de reducido tamaño (cuarenta estadios de diámetro), muy fértil y con gran cantidad de cultivos de todo tipo, principalmente palmeras y olivos.

Así mismo, cuenta con numerosas fuentes, muchas de ellas de origen termal, entre las que destaca la llamada fuente del Sol, cuya agua es fresca de día y se va calentando con la tarde, hasta alcanzar su mayor temperatura de noche (contraste de una fuente termal con la diferente temperatura ambiente, en un clima desértico, a lo largo del día y la noche).

Plutarco nos cuenta que el sacerdote quiso recibirlo saludándolo en griego con la expresión *O paidíon* (Oh hijo), pero le falló la pronunciación de la última letra y lo saludó como *O paidiós*, que fue interpretado como *O pai Diós* (Oh hijo de Zeus), lo que, naturalmente, satisfizo al rey.

A continuación consultó si conquistaría el mundo, a lo que la respuesta fue afirmativa, y si su padre estaba completamente vengado, a lo que el oráculo jugó (al igual que el propio Alejandro) con el equívoco entre Zeus y Filipo, lo que resulta sospechoso. Alejandro cuenta a su madre por carta que cuando se vean personalmente le informará de las revelaciones hechas por el oráculo.

De regreso a Menfis, Alejandro recibió los contingentes de refuerzo enviados por Antípatro desde Macedonia y, después, reestructuró la administración del territorio nombrando gobernadores a egipcios, con el título tradicional de nomarcas (primero dos y, posteriormente, sólo uno) pero poniendo, junto a ellos, a jefes militares macedonios de su confianza, procurando, además, repartir el poder al máximo compatible con la defensa.

XVIII. MESOPOTAMIA Y PERSIA
LA BATALLA DE GAUGAMELA

Con la llegada de la primavera de 331 a.c., Alejandro abandonó Egipto, poniéndose en marcha nuevamente hacia Fenicia. En la ciudad de Tiro celebró sacrificios y juegos deportivos y musicales en honor de Herakles.

Recibió a los embajadores que había enviado a Grecia, con diversas misiones, como la liberación de los prisioneros atenienses capturados en el Gránico (con lo que se granjeaba el apoyo de la ciudad, o el refuerzo en el Peloponeso de los promacedonios contrarios a Agis de Esparta (en este sentido envió parte de la flota chipriota a colaborar con las naves macedonias en el levantamiento del asedio de Creta por los espartanos).

Reestructuró también algunos cargos del gobierno y la administración de los territorios de Siria, que habían sido conquistados recientemente, por variados motivos, y castigó con severidad casos como el asesinato de Andrómaco por los samaritanos, a quienes gobernaba.

Finalmente, partió con destino al interior de Asia, y se dirigió al norte, por el interior de Siria, pasando por las ciudades de Homs y Alepo, hasta alcanzar el Éufrates en Tápsaco en Julio-Agosto (Hecantombeion, en el calendario ateniense), de 331 a.C.

Durante el trayecto, bastante agotador, fallece la esposa de Darío, Estatira, a consecuencia de las penalidades del viaje o de sobreparto. Todas las fuentes coinciden en narrar el exquisito trato que el rey macedonio dispensó a la mujer de su enemigo, llorando su muerte y costeando todos los gastos de una ceremonia funeraria, según las costumbres persas, acorde con la dignidad de la difunta.

También a lo largo de este recorrido parece haber tenido lugar una nueva propuesta de paz a Alejandro por parte de Darío. En ella le renueva la oferta de matrimonio con su hija Estatira con la cesión como dote del territorio al oeste del Éufrates (según Curcio, ahora por primera vez, pues en la anterior la frontera era el Halys).

El pago de 30.000 talentos de plata, en concepto de rescate por los miembros de su familia prisioneros y que le serían devueltos (excepto el príncipe Okhos que quedaría como rehén garante del tratado), y la paz permanente entre ambos estados completan los puntos del acuerdo. Del territorio cedido por Darío queda excluido, con toda probabilidad, Egipto.

Nuevamente Alejandro rechaza la oferta de paz, también contra la opinión de Parmenión, considerando que todo eso y más ya lo tiene por derecho propio, por lo que no queda más camino que un nuevo enfrentamiento.

El paso del río estaba custodiado por un contingente de unos 6.000 persas, al mando de Maceo, encargado por Darío de entorpecer los trabajos de los macedonios para la construcción de puentes, pero esta dificultad se resolvió por sí sola cuando, ante la próxima llegada de Alejandro, Maceo huyó con sus tropas, posibilitando el cruce del Éufrates y la entrada de los invasores en Mesopotamia.

En lugar de dirigirse hacia el sudeste, directamente a Babilonia, el ejército se encamina hacia el noreste («dejando el río Éufrates a la izquierda», nos dice Arriano), buscando el río Tigris, a través de unas regiones de la antigua Asiria, igualmente áridas y penosas de ser recorridas, lo que hace que la marcha sea lenta.

En el paso más importante del Tigris lo esperaba el ejército de Darío, según supo por unos espías persas que habían sido capturados, pues el Gran Rey había decidido cerrarle el paso hacia Persia en aquel estratégico lugar.

El nuevo ejército levantado por Darío tenía, según las fuentes, unos efectivos un 50 por ciento superiores al desplegado en Issos (Curcio «la mitad mayor»). El elevado número dificultaba, incluso, su equipamiento, que hubo que resolver apresuradamente.

Nuevamente hay discrepancias en cuanto a su número, y con el denominador común de la exageración. Arriano habla de 1.000.000 de infantes, 40.000 jinetes, 200 carros falcados y más de 50 elefantes. Diodoro reduce la infantería a 800.000 y cifra la caballería en 200.000 jinetes. Justino habla de 400.000 infantes y 100.000 jinetes, Curcio de 200.000 infantes y 45.000 soldados de caballería y Plutarco de 1.000.000 de combatientes, sin especificar más.

Había sido reclutado, preferentemente, en las regiones más alejadas del imperio, por lo que disponía de bactrianos, escitas, indios, sogdianos, aracosios, hircanios, gedrosios, arios, partos, topiros, cadausios, armenios, amén de persas, medos, babilonios, elamitas, sirios, etc.; es decir, de las regiones del imperio todavía en poder de Darío.

Contaba con caballería catafractata (acorazada), carros falcados, equipados con guadañas en las ruedas, los bajos y la lanza (de gran utilidad contra otros carros y contra la infantería) para provocar el mayor número posible de bajas. Se reforzó enormemente el número de efectivos de caballería ordinaria y se dotó a todos los soldados de una panoplia más completa, incluyendo, por ejemplo, espadas y escudos a los jinetes, que antes sólo contaban con dardos o con lanza.

Este ejército se había congregado en Babilonia y, una vez que resultó operativo, se puso en camino hacia el norte, por las llanuras de Mesopotamia, para cruzar el río Tigris y esperar allí a los macedonios (acorde con las informaciones de los prisioneros a Alejandro), mientras destacaba un pequeño contingente de 6.000 hombres, al mando de Maceo, para entorpecer a los macedonios el paso del río.

Alejandro acude inmediatamente a la zona pero se encuentra con que el ejército de Darío no está en el río, sino que se han concentrado en una llanura, al noroeste de la ciudad de Arbelas, muy cerca del emplazamiento de la antigua Nínive.

La caballería macedonia, seguida por la falange hoplítica, franquea el Tigris, penosamente por la fuerza de la corriente pero sin encontrar resistencia (Curcio discrepa en este punto, narrando un violento ataque de los hombres de Maceo que vigilaban el vado), en la noche del 20 al 21 de septiembre de 331 a.C.

(fecha absolutamente segura por haber tenido lugar un eclipse de luna) por la ciudad de Jezirat (actual Cizré).

La existencia del eclipse lunar determina la concesión de dos días de descanso, aprovechados para la realización de sacrificios al Sol, la Luna y la Tierra, divinidades causantes del eclipse, a la par que se aprovecha, por parte de los adivinos egipcios (que conocían perfectamente sus causas físicas), para vaticinar la victoria de los griegos, cuyo astro es el Sol, sobre los persas, cuyo astro es la Luna, apagando así los supersticiosos temores despertados entre los soldados macedonios.

Descendiendo por la orilla derecha del curso del Tigris, el 30 de septiembre el ejército de Alejandro llega a una aldea llamada Gaugamela (el paso del camello).

Se trata de una gran explanada, acorde esta vez a los intereses del numerosísimo ejército persa, como sus consejeros habían hecho ver a Darío, recordándole que la batalla de Issos se perdió por la reducción del espacio.

Las condiciones orográficas habían sido mejoradas, aún más, por los persas, mediante el allanamiento del terreno para una más eficaz utilización de los carros falcados, la caballería catafractada y los elefantes contra las cerradas formaciones de las falanges macedonias.

Darío, por su parte, se había dirigido hacia la ciudad de Arbelas, donde dejó la mayor parte de la impedimenta y cruzó el río Zab (en lo que, según Curcio [que llama al río Lykos, traduciendo al griego el nombre asirio], tardó cinco días) mediante un puente construido al efecto, para dirigirse luego al norte, donde acampó junto al río Bumelo (actual Caser), en la explanada que acabamos de describir.

Alejandro dio las últimas disposiciones a sus oficiales, ordenándoles imponer férreamente la disciplina en cuanto al mantenimiento de la posición y cometido de cada uno en sus puestos en aproximación y ataque, todo ello en beneficio de la totalidad del ejército.

Encargó, especialmente, que les recordaran que los persas tenían más hombres pero que ellos tenían más soldados y que ya habían demostrado su valía y superioridad sobre el enemigo en repetidas ocasiones.

La propuesta de Parmenión de atacar de noche para que el ejército propio no fuera consciente de la superioridad numérica del contrario, fue rechazada por Alejandro, alegando que la victoria debía tener lugar a la vista de todos, sin paliativos (como en los desfiladeros de Issos) para que Darío reconociera su inferioridad y no pretendiese nuevas tentativas.

Como hemos visto anteriormente, las fuentes no coinciden en el número de efectivos que componían el ejército persa; por ello es evidente que las discrepancias sobre la disposición táctica tienen que ser forzosamente grandes. Seguimos como base la descripción que nos ofrece Arriano, por parecer la más completa y verosímil.

La disposición de las fuerzas persas tenía a los bactrianos (mandados por su sátrapa Bessos, importante personaje para el futuro), dahos y aracosios en el flanco izquierdo. Junto a ellos los persas y, tras éstos, los elamitas y los cadusios. Estaba reforzado por jinetes escitas y unos 100 carros falcados. El conjunto del ala izquierda quedaba bajo el mando de Bessos.

El flanco derecho, mandado por Maceo, estaba constituido por sirios y mesopotámicos, reforzados por medos, partos, sacios, topiros, hircanios, albanos y sacesinos. Se completaba con jinetes armenios y capadocios y 50 carros falcados.

En el centro se encontraba Darío, quien lo mandaba personalmente, con los parientes del Rey, los meloforos. A ambos lados de él, los mercenarios griegos y destacamentos indios, carios y mardos. Uxios y sitacenos se encontraban en la parte posterior. Junto al escuadrón real de Darío formaban los elefantes y los restantes 50 carros falcados.

Por su parte, en la descripción de la disposición táctica del ejército griego sí hay mayor coincidencia entre las fuentes. Su orden era el siguiente:

En el flanco derecho formaba la caballería de los hetairoi, mandada por Filotas (hijo de Parmenión), encabezada por el escuadrón real mandado por Clitos el Negro (hijo de Drópides), el hermano de la nodriza de Alejandro, y, tras éste, los de Glaucias, Aristón, Sópolis, Heraclides, Demetrio, Meleagro y Hegéloco.

Inmediatamente a continuación estaban los hipaspistas, mandados por Nicanor (hijo de Parmenión). A continuación las taxeis de la falange mandadas respectivamente por Ceno, Pérdicas, Meleagro y Poliperconte.

En el ala izquierda de la falange estaba el taxis de Crátero y el de Amintas (este último bajo el mando de Simnias, ya que Amintas había sido enviado a Macedonia a reclutar refuerzos). Crátero mandaba, además, toda el ala izquierda de la infantería.

Junto a él se encontraba la caballería peloponésica y, a continuación, la caballería aliada, al mando de Erigio, y la caballería tesalia, mandada por Filipo. Todo el flanco izquierdo estaba bajo las órdenes de Parmenión, mientras que el derecho lo estaba directamente bajo las de Alejandro.

Ante la superioridad numérica de los persas se organizó una segunda línea, por detrás del frente descrito, con la orden de desplazarse a los lados o replegarse si los persas desbordaban la formación y había riesgo de quedar rodeados.

Así mismo, se protegieron los flancos con tropas de reserva, dispuestas de costado al frente de batalla, con la misión de entrar en acción inmediatamente (constituirse automáticamente en frente de batalla) si el enemigo intentaba cercar la formación. Los agrianes, bajo el mando de Atalo, los arqueros cretenses, a las órdenes de Brison, y los llamados viejos mercenarios, mandados por Cleandro, fueron los encargados de esta misión.

Las últimas filas fueron dispuestas de espaldas al frente de batalla para lograr una formación circular impermeable. Ilirios, tracios y mercenarios aqueos se encargarían de esta labor.

Para contrarrestar el terrible efecto de los carros falcados, Alejandro ordenó que, cuando se produjera la carga de éstos, se abriesen las filas para dejarlos pasar sin causar daño, que se los recibiese con un gran estruendo para espantar a los caballos y que, si finalmente había que hacerles frente, se dirigieran los dardos y las sarisas a los rostros de los aurigas.

Las unidades de las alas recibieron la orden de extender el frente, si era necesario, para evitar ser desbordados y rodeados, pero sin descuidar la protección de la formación.

La impedimenta: bagajes, tesoro, rehenes (incluida la familia de Darío), etc., se colocó en un lugar considerado seguro, en una elevada colina, convenientemente alejada del campo de batalla.

La mayor línea de frente persa hacía que el ala derecha helénica, mandada por Alejandro, quedase enfrentada al centro persa, mandado por Darío. Nuevamente los dos rivales se encontraban frente a frente.

La batalla comenzó, el 1 de octubre de 331 a.C., con un violento choque de ambas caballerías que supuso un primer retroceso para los macedonios, seguido de un contraataque y la nueva estabilización del frente por los persas.

La carga de los carros falcados produjo, inevitablemente, bajas entre la infantería, pero su acción fue minimizada por la táctica ordenada de abrir las filas para franquearles el paso, a la vez que se conseguía hacer volcar algunos carros y desenganchar otros de sus caballerías.

El choque más violento se produjo entre el ala derecha del ejército macedonio, donde estaba el propio Alejandro, y el ala izquierda y el centro del ejército persa, donde se encontraba Darío.

El rey macedonio en persona, con la caballería de los hetairoi, consiguió abrir brecha en la formación persa y acercar el combate enormemente a la persona de Darío, que era duramente defendido por su guardia.

El propio auriga del rey resultó muerto, produciéndose una gran confusión en torno a su carro que propaló la idea de su muerte (los mismos sacerdotes persas se lamentaban de ella). Esto supuso un golpe moral para el bando persa y la recuperación de ánimos por los griegos.

En esta situación el Gran Rey, nuevamente, volvió a perder los nervios y, como en Issos, emprendió la huida, abandonando a su ejército, cuando la batalla estaba todavía por decidir.

Efectivamente, la situación en el ala izquierda, al mando de Parmenión, era bastante comprometida. Los persas, mandados por Maceo, habían conseguido romper la formación macedonia y penetrar profundamente en sus líneas, llegando a la zona de la impedimenta, de la que podían apoderarse en cualquier momento.

A aumentar el problema contribuyó la ayuda de los rehenes que, ante la oportunidad, rompieron sus ataduras y tomaron las armas contra los sorprendidos guardianes. Toda el ala izquierda macedonia corría el riesgo de quedar rodeada por los enemigos. Parmenión solicitó entonces la ayuda de Alejandro para evitar la desbandada. El rey macedonio se irritó profundamente al tener que abandonar la persecución de Darío para ayudar a su ala izquierda, pero la situación no ofrecía alternativas, por lo que se resignó. Nuevamente Darío se le escapaba y, con él, la posibilidad de concluir el conflicto definitivamente.

La reserva macedonia constituyó la tabla de salvación en este caso. Desplazándose, como había sido previsto, acudió de inmediato a la zona de los bagajes, equilibrando la situación hasta que las fuerzas del ala derecha comenzaran a llegar.

La llegada del rey a su ala izquierda, con los refuerzos, alteró la situación trabándose el mayor combate ecuestre de toda la campaña. La caballería india y persa fue arrollada por la macedonia y tesalia, llegando Alejandro a trabar contacto con la infantería enemiga.

Por otra parte, la noticia de la huida de Darío terminó por llegar al ala derecha persa y Maceo, a pesar de conservar la ventaja, comenzó a plantearse la inutilidad de proseguir el enfrentamiento.

Empezó, por tanto, a ceder en el empuje, ante lo cual los hombres de Parmenión recuperaron la moral y comenzaron a ser ellos quienes empujaban. Los persas cedían, cada vez más, y la situación terminó por convertirse en una retirada ordenada, pues Parmenión no permitió a los suyos continuar demasiado el avance, al no tener clara la situación exacta de la formación macedonia, excesivamente dilatada en el espacio para lo limitado de sus efectivos.

Maceo cruzó el Tigris y se retiró a Babilonia con los restos del ejército mientras Darío cruzó el Zab y se retiró hacia Arbelas, pero sin detenerse en esta ciudad, para continuar la fuga hacia Media y los territorios orientales del imperio, con la idea de volver a buscar una nueva oportunidad.

Daba por seguro, de manera acertada, que tras las penalidades sufridas antes y durante de la batalla de Gaugamela, Alejandro se dirigiría hacia el sur para apoderarse de las fértiles tierras de

Babilonia, así como de las propias ciudades de Babilonia y Susa que, con su enorme botín, constituían una recompensa más que apetecible a tan duros esfuerzos, mientras que las tierras de Media eran desérticas y muy duras para ser atravesadas por un ejército fatigado y lastrado por el bagaje recién conseguido.

El saldo de esta batalla parece más equilibrado que los de las anteriores (especialmente por lo que respecta a las bajas en el bando macedonio), pero, aun así, no queda más remedio que rechazar de plano las cifras que nos transmiten las fuentes. Arriano nos habla de 100 bajas entre los griegos y la pérdida de unos 1.000 caballos, la mayor parte de los hetairoi, mientras que por el bando enemigo nos transmite la cifra de 300.000 muertos y muchos más prisioneros.

Curcio nos ofrece unas bajas persas un poco más realistas cifradas en 40.000 hombres, mientras que para el bando macedonio nos habla de 300 caídos. Diodoro, por su parte, nos ofrece las cifras de 90.000 caídos en el bando persa por 500, y muchos heridos (entre ellos Hefestión, Pérdicas, Ceno y Ménidas), en el de Alejandro. Posiblemente, una estimación objetiva de las bajas helénicas haya que cifrarla entre 4.000 y 5.000 hombres.

Mientras Parmenión arrasaba el campamento persa y se apoderaba de sus bagajes, Alejandro reemprendió la persecución de Darío, a quien no llegó a alcanzar, pues, como hemos visto, no se detuvo en Arbelas, logrando apoderarse, eso sí, del tesoro real y todo su equipo y se encaminó, desde allí, hacia Babilonia.

La ciudad de Babilonia tiene un perímetro de 368 estadios (unos 67 km) y está dotada de una muralla de 50 codos de altura (unos 25 m) por 20 de anchura (unos 10 m), que dispone de numerosas torres que superan la altura de la muralla en 6 codos (unos 3 m). Está construida en ladrillo cocido y posteriormente embreada (de camino a la ciudad, Alejandro pudo contemplar uno de estos manantiales de brea, tan abundantes en la zona, y cuyas propiedades le fueron mostradas por los lugareños).

La ciudad está dividida en dos por el río Éufrates, que se encuentra canalizado y dotado de diques de contención y cisternas para dominar las crecidas y abastecer a la ciudad de agua, construidas también con ladrillo embreado.

Las edificaciones no se encuentran pegadas a la muralla, sino que existe un espacio libre por seguridad y toda la ciudad no está construida, sino que dispone de espacios dedicados a la agricultura para poder aprovisionarse internamente en caso de asedio.

Se trata de una ciudad cosmopolita que cuenta con numerosos barrios habitados por extranjeros: fenicios, egipcios y, por supuesto, griegos.

Dispone de una ciudadela de 20 estadios (unos 4 km) de perímetro, con una muralla de 80 codos de altura (unos 40 m) donde se encuentran el palacio real y los celebrados jardines colgantes, impresionante construcción que fue incluida por los griegos entre las siete maravillas del mundo antiguo.

Maceo, que se había refugiado en la ciudad con los supervivientes, le hizo entrega de la misma junto con sus enormes riquezas, lo que apartó del rey una posible dificultad, pues la ciudad tenía un emplazamiento privilegiado y grandes recursos, lo que habría producido un tremendo retraso si hubiera decidido resistir y hubiera tenido que ser tomada por asedio.

El ejército macedonio entró, pues, en la ciudad en noviembre de 331 a.C., siendo aclamado por la población, que en buena parte detestaba a los persas. Los magos, sacerdotes, astrólogos, etc., se mostraron sumamente inclinados hacia el rey y la multitud siguió al ejército, formando un cortejo, por las calles de la ciudad, hasta el palacio real, del que Alejandro tomó posesión, junto con todos sus bienes.

Como primera medida, nuevamente en la línea aplicada en territorios anteriormente conquistados, ordenó la reconstrucción del templo de Marduk, que había sido ordenado destruir por Jerjes en 479 a.C., y consultó a los sacerdotes y astrólogos sobre la reconstrucción de los santuarios.

Igualmente, ofreció sacrificios a las divinidades nacionales, según las indicaciones que recibió de los sacerdotes, ganándose, así, el afecto de buena parte de la población por el respeto mostrado a sus costumbres y tradiciones y de los propios sacerdotes que lo proclaman «Rey de las cuatro partes del mundo», como antes, en Egipto, había sido proclamado Faraón.

Permaneció Alejandro en Babilonia durante 34 días en los que las tropas se recuperaron de las penalidades sufridas, quizá en exceso, según las fuentes. Curcio relata las licenciosas costumbres babilonias y cómo éstas pueden debilitar la disciplina de un ejército, «suerte que enfrente no tenía un verdadero enemigo».

Recibió, además, en la ciudad a Amintas, que regresó de Grecia con los refuerzos solicitados a Antípatro: 6.000 infantes y 600 jinetes macedonios, 3.500 infantes y 600 jinetes tracios y 4.000 hoplitas y 380 jinetes peloponesios.

Amintas le trae, además, la impagable noticia de que Antípatro, su regente en Macedonia y Grecia, ha vencido completamente en Megalópolis, en el Peloponeso, a la coalición de griegos rebeldes, encabezada por Esparta, también durante el mes octubre de 331 a.c. Su retaguardia quedaba así, pues, salvaguardada y su poder iba en permanente aumento.

Sus primeras decisiones serían, nuevamente, la reestructuración administrativa de la zona, nombrando a Maceo sátrapa de Babilonia y a Apolodoro de Anfípolis general de las tropas asignadas a la zona, como había hecho en ocasiones anteriores (por ejemplo, en Egipto, nombrar gobernadores a indígenas y poner junto a ellos a militares macedonios al mando de las tropas), con un contingente de 2.000 soldados.

Agatón quedó al frente de la ciudadela de Babilonia con 700 soldados macedonios y 300 mercenarios para protegerla y Mitrenes (el que le había entregado la ciudadela de Sardes) fue nombrado sátrapa de Armenia, región esta que realmente no llegó a estar nunca controlada en su totalidad, pero que en las actuales circunstancias se inclinaba ante el vencedor.

Reajustó ahora la tradicional organización del ejército macedonio creando unas nuevas unidades de 1.000 hombres cuyo comando asignó, por concurso de méritos, a aquellos que más se habían distinguido en las acciones militares desde la época de Filipo. Con ello mermaba el poder de la aristocracia macedonia y comenzaba a sustituir en el mando el criterio del nacimiento por el de la valía personal.

ALEJANDRO EN PERSIA

Desde Babilonia se dirigió, en diciembre de 331 a.c., hacia Susa, la vieja capital de Elam y una de las ciudades que oficiaban de capital del imperio persa. En el camino recibió una embajada de la ciudad, encabezada por el hijo del sátrapa Abulites, que le ofrecía la entrega pacífica de la ciudad y todo su contenido.

Algunas fuentes, que Curcio recoge en su obra, valoran la posibilidad de que lo hiciera siguiendo órdenes del propio Darío, interesado en retener a los macedonios con el botín de las zonas más ricas del imperio, mientras él ganaba tiempo para una nueva tentativa.

Alejandro entró en Susa, en diciembre de 331 a.c., y recibió de Abulites, a quien confirmó en el gobierno de la satrapía, la entrega de un tesoro de 50.000 talentos de plata en lingotes (1.296.000 kg) y 9.000 dáricos de oro, uno de los tres depósitos (junto con los de Pasargadas y Ecbatana) del tesoro real aqueménida.

Recuperó obras de arte saqueadas por Jerjes en Atenas, en la expedición de 480 a.c., como unas estatuas en bronce de los tiranicidas (Harmodio y Aristogitón) que remitió a Atenas, su lugar de origen.

Después de celebrar los ya tradicionales sacrificios nacionales y confirmar a Abulites en su cargo de sátrapa, nombró a Arquelao comandante militar de la zona con unas fuerzas de 3.000 hombres y a Jenófilo (según Curcio) o Mázaro (según Arriano) comandante de la ciudadela de Susa con 1.000 soldados macedonios para su defensa. En esta ciudad quedó también custodiada la familia de Darío.

En enero de 330 a.c., Alejandro abandonó Susa y, cruzando el río Pasitigris, el actual Kharum, se dirigió a la Pérside, atravesando el territorio de los uxios. Éstos sustituyeron su lealtad a Darío por la nueva a Alejandro.

Sin embargo, sólo los uxios agricultores, habitantes de la llanura, tomaron esta actitud. Los ganaderos de las zonas montañosas, las estribaciones meridionales de los Zagros, que nunca habían estado dominados completamente por los persas, le exigieron, por el paso, el mismo peaje que le cobraban a Darío.

Fue necesario, pues, forzar el paso. Alejandro dijo a los emisarios que recibirían lo justo y dividió sus fuerzas en dos: una

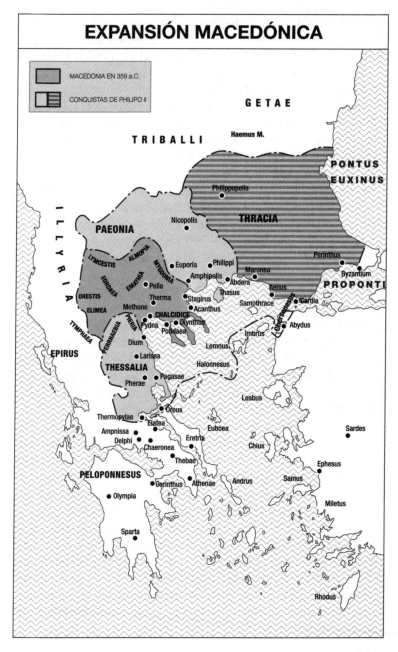

parte, mandada por Crátero, ocupó las alturas, mientras el resto, dirigido por él mismo, dio un rodeo, conducido por susios, por caminos angostos y poco conocidos, y sorprendió a los uxios por la espalda, destruyendo sus aldeas y provocando su huida hacia las alturas, donde los esperaban los hombres de Crátero.

La derrota de los uxios fue completa y Alejandro, sólo por la intercesión de Sisigambis, madre de Darío, permitió que siguieran habitando sus tierras contra un tributo anual de 100 caballos, 500 animales de carga y 30.000 cabezas de ganado, según nos cuenta Arriano, citando como fuente a Ptolomeo Lagos.

Un nuevo inconveniente aparece a la entrada de la Pérside. El sátrapa Ariobarzanes decide mantener su lealtad a Darío y fortifica el desfiladero de las Puertas Persas, que da acceso a la región, con 40.000 infantes y 700 jinetes, según Arriano (cifra que es rebajada por Diodoro a 25.000 infantes y 300 jinetes).

Lo abrupto de la zona hace que fracase un primer intento de forzar el paso, lo que obliga a Alejandro a retirarse a una distancia prudencial y acampar allí.

Nuevamente, el rey macedonio aplicará la táctica que tan buen resultado le ha dado contra los uxios. Deja a Crátero con parte del ejército ante las Puertas con la orden de atacar cuando él haya alcanzado la posición ideal y, conducido por desertores y gentes del lugar, da un rodeo por estrechos senderos hasta alcanzar la espalda de los defensores persas.

Alejandro sorprende al amanecer a la guardia persa, provocando numerosas bajas, a la vez que da la señal para que Crátero asalte las defensas del desfiladero. Los defensores, sorprendidos entre dos fuegos, se dan a la desbandada, produciéndose entre ellos gran número de bajas, causadas tanto por los macedonios como por los riscos escarpados del lugar.

Ariobarzanes consiguió huir con algunos seguidores, cuyo número varía según las fuentes, así como el destino de su fuga (con su escolta de jinetes hacia los montes, según Arriano, con 5.000 infantes y 40 jinetes hacia Persépolis, según Curcio).

Alejandro, sin perder tiempo, debe ponerse en camino a Persépolis ante la comunicación del gobernador, Tirídates, de que está dispuesto a entregarle la ciudad, pero que debe darse prisa puesto que la población y los restos de la guarnición persa están dispuestos a saquear el tesoro.

Dejando atrás a la infantería, el rey se dirige con la caballería rápidamente a la capital persa, donde llega en febrero de 330 a.C., acampando el ejército en las afueras de la ciudad.

Al llegar a Persépolis le sale al encuentro una multitud (que Curcio cifra en 4.000) de prisioneros griegos que habían sido torturados y mutilados atrozmente por los persas y conservados con vida para servir de escarnio. Le piden que los libere y el rey les promete que volverán a ver sus ciudades y a sus familias. Ellos, sin embargo, prefieren que les dé tierra y los asiente en Asia. No quieren volver para no ofender la vista de sus parientes y conciudadanos con su terrible imagen (Curcio y Justino transmiten este pasaje, el texto de Plutarco presenta una laguna en este preciso lugar, mientras que Arriano no lo cita).

Alejandro se apodera del tesoro real y ordena saquear la ciudad, ingresando todo el botín en la caja del ejército. El montante ascendió, según Curcio, a 120.000 talentos, a los que hay que añadir 6.000 talentos más, procedentes de Pasargadas, la otra gran ciudad de Persia, tomada en una rápida expedición en marzo de 330 a.C., tras su entrega por el gobernador, Gobares.

En abril de 330 a.C. se produce el pavoroso incendio de los palacios reales de Persépolis, que la arqueología no termina de demostrar por completo pero en el que todas las fuentes coinciden.

Coinciden también en considerarlo como una orden personal del propio Alejandro, como venganza por todas las destrucciones, saqueos y sufrimientos provocados por los persas a Grecia durante las guerras médicas.

Arriano explica que, contra la opinión de Parmenión, que hacía ver a Alejandro que no debía destruir lo suyo y que daría la impresión de que se consideraba simplemente un saqueador y no el monarca definitivo, lo que no animaría a otros persas a pasarse a su bando, el rey ordenó su destrucción como cumplimiento de la venganza que le había sido encomendada por la liga helénica, de la que era hegemón.

Plutarco y Curcio lo presentan como el resultado de la petición de una cortesana ateniense, llamada Tais, amante de Ptolomeo

Lagos, que aprovechó el efecto producido en el rey por el alcohol en una francachela para vengar definitivamente a su patria.

La investigación moderna argumenta varias explicaciones posibles en la decisión del rey de destruir los palacios:

Una teoría apunta la posibilidad de que representaban el mundo aqueménida, eran el símbolo de la realeza de Darío y Jerjes, y su destrucción simbolizaba el fin del antiguo sistema persa (¿el Antiguo Régimen?) y la erección de un nuevo orden mundial. Alejandro no habría querido esperar a la muerte de Darío para alcanzar este objetivo.

Otra posible explicación es que se trata de un medio para ganarse definitivamente la simpatía de Atenas, puesto que la situación en Grecia, aunque entonces tranquila tras la derrota de Agis III de Esparta ante Antípatro, nunca es del todo segura y Atenas tiene un gran protagonismo en las decisiones del mundo griego (taparía la boca de Demóstenes). Así se explica la figura de la cortesana que hace que la idea tenga un origen ateniense.

Así mismo, se considera la idea de que en la mente del rey estuviera el deseo de mostrar a los persas que ellos no serían tratados en las mismas condiciones que el resto de los habitantes del imperio (egipcios o babilonios), sino que su poder había acabado en el imperio y, a partir de ahora, serían una simple provincia más, lo que concuerda con el previo saqueo de la ciudad de Persépolis.

Alejandro nombró sátrapa de Persia a Frasaortes y Tirídates siguió al cargo de la ciudad de Persépolis. Nicarquides fue nombrado comandante de la guarnición y se le asignó un contingente de 3.000 soldados macedonios para su defensa.

Ultimadas estas disposiciones, Alejandro abandonó la ciudad y se encaminó al norte, hacia la región de Media, donde había oído que se encontraba Darío intentando reclutar nuevas tropas.

El todavía Gran Rey esperaba en Media que la fortuna de Alejandro cambiase en Babilonia y Persépolis, mientras él hacía su trabajo en Media. De no ser así, si Alejandro se dirigía contra él, podía retirarse de Media, hacia Hircania y Partia, a través de las Puertas del Caspio, para asentarse en Bactria, quemando el terreno a su paso.

XIX. MUERTE DE DARÍO

Alejandro se dirigió a Media, atravesando la Paraitacena, de donde nombró sátrapa a Oxatres, hijo de Abulites, a quien había nombrado sátrapa de Susa, y pasando por Aspadana (la actual Ispahán), para intentar llegar a Ecbatana (actual Hamadán), la capital meda antes que su enemigo, objetivo que no consiguió.

A tres jornadas de esta última capital, un tal Bistanes (hijo de Artajerjes III) le informa de que Darío había escapado ya cuatro días antes de la ciudad, llevándose el tesoro, valorado en 7.000 talentos, y unas tropas formadas por 6.000 infantes y 3.000 jinetes.

Para poder perseguir al persa con mayor rapidez, Alejandro se deshace de parte de los contingentes aliados, licenciando, incluso, a la caballería tesalia, a quienes abona la totalidad de su soldada, más un premio añadido de 2.000 talentos de su propio peculio. Ordena, así mismo, que sean conducidos hasta la costa y, embarcados en trirremes, sean llevados hasta la isla de Eubea. Aquellos que lo deseen pueden, no obstante, reincorporarse a la empresa.

El tesoro real es transportado a Ecbatana desde Persépolis por Parmenión y puesto bajo la custodia de Hárpalo, el tesorero real, con la ayuda de 6.000 soldados macedonios de caballería e infantería ligera.

A continuación ordena a Parmenión dirigirse con la caballería aliada hacia Hircania y a Clitos el Negro, que acababa de llegar de Susa, convaleciente de una enfermedad, recoger a los macedonios que habían quedado encargados de la vigilancia del tesoro, y dirigirse hacia Partia, adonde se dirigiría también él mismo.

El propio Alejandro reúne a la caballería macedonia y a las tropas más ligeras y veloces y se lanza en persecución de Darío, intentando evitar que éste alcance las satrapías nororientales del imperio y pueda volver a levantar un nuevo ejército con el que volver a hacerle frente.

En once días de marcha llega a Ragai (a 8 km de la actual Teherán) y alcanza las Puertas Caspias en junio de 330 a.C. pero tarde; Darío ya las ha franqueado.

Ante esta situación, y enterado de que en el ejército de Darío proliferaban las deserciones, decide conceder un descanso a las tropas, tras tantos días de marchas forzadas, aprovechando para nombrar sátrapa de Media a Oxiartes, que había estado arrestado por Darío en Susa, lo que constituía una buena referencia para Alejandro.

Franqueadas las Puertas Caspias, Alejandro se vuelve a detener para aprovisionarse de víveres en previsión de la dureza del desierto que tenía delante, la zona occidental de Partia.

Darío contaba en este momento con unas fuerzas que Curcio cifra en 30.000 infantes (4.000 de ellos griegos, bajo la órdenes de Patrón de Focea y Glauco de Etolia, quienes mantuvieron una fidelidad intachable a Darío), 4.000 honderos y arqueros y 3.300 jinetes bactrianos (mandados por Bessos).

En el campamento persa comienza a haber disensiones y Bessos, sátrapa de Bactriana, con ayuda de Barsaentes, sátrapa de Aracosia, y Satibarzanes, jefe de la caballería, concibe el plan de traicionar al rey, capturarlo y ofrecérselo a Alejandro, si éste los perseguía, para congraciarse con él, y, si no los perseguía y conseguían huir a sus satrapías, darle muerte, usurpar el trono y tratar de reconquistar el imperio.

A pesar de la denuncia del complot a Darío, hecha por Patrón, el Gran Rey renunció a tomar medidas y se refugió en mercenarios extranjeros de su propio pueblo. El resultado fue su arresto.

Encerrado en un carromato cubierto con pieles fue conducido prisionero por los bactrianos, a los que pronto se unieron los persas que se habían quedado sin nadie a quien seguir.

Los mercenarios griegos de Patrón se separaron de ellos y se dirigieron hacia Partia, bajo el mando de Artabazo y los pocos soldados que aún permanecían leales a éste.

Al enterarse de la situación, Alejandro aceleró aún más la marcha con las tropas de caballería más rápidas, dejando a Crátero el encargo de que los siguiera posteriormente con el resto.

La marcha fue avivada más aún, seleccionando a la mejor infantería y montándola en caballos y haciendo volver al resto.

El nuevo cuerpo perseguidor cuenta, además, con la inestimable ayuda de desertores persas, contrarios a la traición de Bessos, que se ofrecen a mostrar a Alejandro un camino más corto que el que está siguiendo éste.

De esta manera se llegó a alcanzar a algún pequeño destacamento persa que huyó en desbandada sin ofrecer resistencia.

Ante la feroz persecución del rey macedonio, Bessos y Satibarzanes hirieron de muerte al Gran Rey y lo dejaron abandonado, muriendo antes de que fuera encontrado por los macedonios en Hecatombeion (julio de 330 a.C.).

Los regicidas consiguieron burlar el cerco y la persecución de Alejandro y escapar hacia el noreste (Satibarzanes hacia Hircania y Bessos hacia Bactria) con la intención de levantar un ejército de todas las satrapías orientales, invocando la resistencia patria contra la invasión de los «yaunas» (jonios).

El cadáver de Darío fue enviado por Alejandro a Persépolis para que recibiera sepultura con los correspondientes honores en el panteón real persa, al igual que sus antepasados. Contaba unos cincuenta años.

Aminapes, de nacionalidad parta, fue designado sátrapa de Partia e Hircania y, junto a él, se designó a Tlepólemo, hijo de Pitófanes, uno de los hetairoi, como epískopos (supervisor) de los asuntos de la satrapía, según el modelo ya habitual.

Alejandro continuó su marcha hacia el este por Hircania. Ante la hostilidad de los habitantes del lugar, dividió sus fuerzas encomendando a Crátero uno de los cuerpos de ejército y, tras algunas escaramuzas con los montañeses en las que éstos llevaron la peor parte, alcanzó la ciudad llamada Hecatompylos (la ciudad de las «Cien Puertas»), cerca de la actual Damghan, donde decidió esperar la llegada del resto de sus fuerzas.

Se extendió, entonces, por el campamento macedonio el rumor de que el rey se daba por satisfecho con los logros alcanzados y que se preparaba para organizar el regreso. Esto produjo una enorme alegría y un gran revuelo entre las tropas, cansadas ya de viajes tan lejanos y fatigosos, y se aprestaron a recibir su desmovilización y su soldada, como poco antes había ocurrido con algunos de los aliados.

El rey se dirige a la asamblea militar, según la costumbre nacional macedonia y, usando los argumentos de que la empresa está inconclusa, la necesidad de acabar con el futuro peligro que puede llegar a suponer Bessos para Grecia y, por supuesto, el deseo de agrandar su propia gloria, convence a las tropas de la necesidad de seguir hacia delante.

Este incidente, que nos transmite Curcio, supone la primera ocasión en que las tropas empiezan a dar muestras de cansancio y de no querer continuar más adelante, y se repetirá en el futuro.

Dividió, entonces, nuevamente el rey sus fuerzas en tres columnas:

Él mismo, con las tropas más rápidas, se dirige por el camino más corto y más difícil, cruzando puertos cercanos a los 3.000 m de altura, hacia las orillas del mar Hircanio (Caspio). En el camino logra la sumisión de los mardos, que en principio le dificultaron el paso de los desfiladeros, y, finalmente, llega a Zadracarta (actual Asterabad), la capital de Hircania.

La segunda columna, mandada por Crátero, preferentemente formada por la infantería, se dirige hacia la misma ciudad por el valle de Gurgan con la misión de reducir a los tapurios.

Finalmente, la tercera, bajo el mando de Erigio, formada por los mercenarios, los carros, impedimenta y el resto de las tropas, esto es, lo más lento del ejército, debe dirigirse al mismo sitio pero por el camino más largo y también más transitable.

En agosto de 330 a.C. las tres columnas confluyen en la capital de Hircania, donde Alejandro vuelve a realizar sacrificios a los dioses y a celebrar juegos atléticos.

En esta ciudad recibe la llegada de Artábazo, el sátrapa que se mantuvo leal a Darío hasta el último momento, con sus hijos y Autofrádates, sátrapa de los tapurios.

El último fue confirmado en su satrapía y los primeros cálidamente recibidos y agasajados por su lealtad a Darío por Alejandro, quien los retuvo junto a él en puestos de influencia y prestigio.

También llegaron embajadores en representación de los mercenarios griegos que habían acompañado a Darío hasta poco antes de su arresto. A éstos se les respondió, simplemente, que se rindieran y que el rey dispondría de ellos como mejor le pareciese, pues, por ser griegos que habían luchado con los bárbaros contra Grecia, eran simplemente traidores y no se les hacía ninguna oferta ni se les daba garantía alguna.

Su número era de unos 1.500 y con ellos iban también los legados enviados por Esparta y otras ciudades rebeldes a Darío antes de la batalla de Gaugamela. Alejandro distribuyó los soldados, como refuerzo, entre sus propias tropas y mandó encarcelar a los lacedemonios.

También recibió la oferta de sumisión de Satibarzanes, el regicida, quien, tras pedir garantías sobre su vida, terminó presentándose en el campamento con una ingente cantidad de regalos.

Entre los presentes de Satibarzanes figuraba el eunuco Bagoas, un joven en la flor de la edad, que había gozado de los favores de Darío y ahora pasaba a ser propiedad de Alejandro y cuyas súplicas contribuyeron al perdón de Satibarzanes.

Éste fue confirmado en el gobierno de su satrapía de Aria y, junto a él, según la costumbre, Alejandro designó a Anaxipo, uno de los hetairoi, con 40 hippacontistés (jinetes armados con jabalinas) para ayudarlo en el control de la región (y vigilarlo).

Alejandro se dispone a continuación a someter a los mardos, pueblo pobre y belicoso de las orillas del Caspio que, por estas dos características, nunca pensó que sería atacado y no se había molestado en enviar legados.

La campaña fue dura por lo abrupto de la topografía, pero sin ningún enfrentamiento de consideración. Curcio nos cuenta que en una escaramuza fue capturado Bucéfalo, pero inmediatamente devuelto ante la cólera del rey.

La región fue, finalmente, conquistada y puesta bajo el gobierno de Autofrádates, que ya gobernaba a los tapurios.

En este momento Alejandro comienza ya a asimilar las costumbres persas de una manera que empieza a ser preocupante para los griegos. Utiliza una diadema real púrpura y blanca, como la de Darío. Viste a la manera persa y regala a sus compañeros vestimentas similares que éstos no se atreven a rechazar.

Exige la proskynesis (prosternación) a los persas (luego pretenderá que se la tributen también los helenos), utiliza el sello de Darío para sus despachos a Asia (no así a Europa, para lo que sigue utilizando el macedonio). Disfruta de tantas concubinas, eunucos y esclavos como Darío.

Todo ello causaba un hondo malestar entre los más aguerridos veteranos macedonios de Filipo, que tenían la sensación de haber ganado la guerra y estar perdiendo la victoria.

La solución consistía en volver a sacar a la tropa de la inactividad, y ésta se presentó sola cuando unos emisarios persas informaron a Alejandro (según Curcio, el propio Satibarzanes) de que Bessos, el regicida, había usurpado el trono.

Vistiendo la indumentaria real y haciéndose llamar Artajerjes IV, intentaba aglutinar a los persas fugitivos, bactrianos y escitas para levantar un gran ejército con el que dirigirse contra los macedonios.

Atravesando la región de Aria (donde el rey fundó Alejandría Aria, actual Herat), el ejército se dirige hacia Bactria, sumándosele ahora Filipo, hijo de Menelao, procedente de Media, con la caballería mercenaria, los jinetes tesalios que se habían reenganchado y la infantería mercenaria de Andrómaco.

Durante el camino se produjo el fallecimiento del jefe de los hipaspistas, Nicanor (el hijo de Parmenión), y, ante la falta de víveres que hacía imposible detenerse, Alejandro dejó a Filotas, con 2.600 hombres para que rindiera las honras fúnebres a su hermano, mientras él iba al encuentro de Bessos.

Entonces recibió la noticia de que Satibarzanes le había traicionado. Había asesinado a Anaxipo y la guarnición dejada con él y estaba armando un ejército ario para dirigirse a Artacoana y pasarse al bando de Bessos.

El rey estimó que era más peligroso dejar a este enemigo a la espalda que dejar continuar a Bessos, así que decidió volver para solucionar primero este problema.

Tomó parte de las fuerzas, tanto de caballería como de infantería, dejando el resto al mando de Crátero, y regresó para enfrentarse al traidor. En dos días alcanzó Artacoana, sorprendiendo a Satibarzanes por la rapidez de su marcha.

Éste emprendió una precipitada huida con algunos de sus hombres, que le fueron abandonando por el camino ante el celo perseguidor de Alejandro, que, implacablemente, dio muerte o esclavizó a todos los que habían participado en la revuelta, excepto al propio Satibarzanes que consiguió huir a Bactria.

Como nuevo sátrapa de Aria nombró al persa Arsaces, insistiendo en su política que, salvo en esta ocasión, le había dado buenos resultados.

Reunido nuevamente con las fuerzas de Crátero, se puso en camino hacia Drangiana, región que corresponde al sur del actual Afganistán, cuyo sátrapa (Barsaentes) era el tercero de los regicidas.

Éste, al tener noticias de la llegada de Alejandro, huyó a refugiarse entre los pueblos que habitan la orilla derecha del Indo. Los indios, sin embargo, lo apresaron y se lo remitieron a Alejandro, que lo condenó a muerte por traición y asesinato.

XX. LA CAMPAÑA DEL TURQUESTÁN Y LA INDIA

LA CONSPIRACIÓN DE FILOTAS

En Phrada, la capital de Drangiana (cerca de la cual, y por esta razón, el rey fundaría después un Alejandría Prophthasía [anticipación]), se descubrió un intento de conspiración contra Alejandro, en el que tomaba parte Filotas, el hijo de Parmenión.

Las relaciones entre Alejandro y Filotas se habían deteriorado ya con antelación y, según las narraciones de Aristóbulo y Ptolomeo, el rey había tenido ya alguna información sobre ella desde la campaña de Egipto pero no le había prestado oídos en atención a la amistad, dignidad y méritos logrados por Filotas y su padre, Parmenión.

Curcio nos cuenta, de forma novelada que Dimno, uno de los hetairoi (Plutarco le llama Limno), comunica a su efebo Nicómaco los planes en que participa, junto con macedonios de alcurnia, para asesinar a Alejandro tres días después.

El joven se lo comunica a su hermano, quien lleva la noticia a Filotas y éste, tras dos despachos con el rey, no informa de nada a Alejandro, lo que hace sospechar de él al delator, que se lo dice a un paje de la intendencia real, quien le pone en contacto con Alejandro.

Dimno se hirió de muerte al ser arrestado, de manera que no pudo ser interrogado, pero ya había confiado los nombres de los implicados a su efebo y la tardanza en llegar los hechos a conocimiento del rey implicaba directamente a Filotas.

Éste negó tener conocimiento de la conspiración, aunque aceptó, simplemente, haber recibido una información que desdeñó por no haberle dado valor, dada su procedencia poco fiable.

El consejo de los amigos del rey fue convocado sin la presencia de Filotas y, en él, Crátero, que mantenía una rivalidad profesional y personal con Filotas desde antiguo, vio su oportunidad.

Plutarco nos cuenta que tras la batalla de Issos, en el reparto del botín, tocó a Filotas una mujer, llamada Antígona, con la que convivía normalmente y en cuya presencia se jactaba de sus méritos y los de su padre, minusvalorando los del rey. Crátero había hecho saber esto a Alejandro y mantuvo a la mujer cerca de Filotas como confidente.

Eran muchas coincidencias y sugirió al rey que no continuase perdonándolo eternamente, ya que estaba en riesgo su propia vida.

El resto del consejo también se decantó por considerar el silencio de Filotas sobre la conspiración como una clara prueba de su implicación en ella.

La asamblea militar decidió la condena a muerte de todos los implicados, incluido Filotas, que argumentó su defensa en que su nombre no fue citado, en ningún momento, por ninguno de los implicados. Tras ser sometido a tortura, Filotas confesó su participación, lo que, evidentemente, no demuestra nada.

A continuación el rey tomó medidas para evitar la reacción de Parmenión. Envió a Ecbatana, donde el viejo general se encontraba, gobernando Media, con buena parte del ejército, a Polidamante (su amigo personal) con cartas para los subordinados de Parmenión, con el encargo de llegar antes que las noticias de la ejecución de Filotas.

Las órdenes que portaban las cartas incluían el asesinato de Parmenión. Sus subordinados: Cleandro, Sitalces y Menidas dieron cumplido efecto a las mismas personalmente y el mejor colaborador del rey, y quien más le había apoyado en la campaña de Asia, fue eliminado.

Alejandro no podía creer que, habiendo participado, o tramado, Filotas la conspiración, su padre no estuviera informado de ella, o incluso la respaldase. Por otro lado, la antigua ley macedonia implica directamente a los parientes en la responsabilidad de delitos de lesa majestad.

Y, finalmente, no hay que olvidar el temor a la reacción, ante la noticia de la ejecución de su hijo, de un hombre, aunque fuera leal, que ya había perdido otros dos en la campaña (Héctor, ahogado en el Nilo, y Nicanor, fallecido, de muerte natural, muy poco antes) y que disponía de una gran fuerza militar y un enorme prestigio entre ella.

La muerte de Filotas fue una ejecución, pero la de Parmenión, sin ninguna duda, fue un asesinato (además alevoso), y esto se traducirá en las posteriores relaciones de los subordinados de Alejandro hacia él.

Así, por ejemplo, Antípatro, su regente en Macedonia, otro veterano general de la edad de Parmenión, tomará medidas para garantizar su propia seguridad en espera de lo que pueda depararle el futuro (aunque no se llegará a producir el caso).

Sobre esta conspiración existen posturas diferentes por parte de la investigación moderna. Algunas líneas aceptan la existencia de una conspiración en la que no estarían implicados Filotas ni Parmenión, pero que habría sido aprovechada por Alejandro para librarse de personajes tan potencialmente peligrosos.

Ambos representan la corriente tradicional macedonia, frente a la progresiva orientalización del rey y, especialmente, Parmenión disfruta de un tremendo prestigio entre el ejército por sus muchos años de servicio con Filipo y Alejandro y sus innumerables méritos logrados en el campo de batalla.

En este caso se habría tratado de una trama urdida por los jóvenes generales macedonios para eliminar este obstáculo en su carrera (así opina W. Heckel).

Otras van más lejos y aceptan la idea de que la trama de la conspiración fue diseñada por el propio Alejandro con el objetivo de librarse definitivamente de ambos personajes (es el caso de P. Goukowsky y E. Badian).

Finalmente, algunos investigadores creen en la participación de Filotas en la conspiración e, incluso, le atribuyen su paternidad (W.W. Tarn es la opinión más destacada en este sentido).

El interés por erradicar definitivamente la sedición de las filas del ejército hizo que, a continuación, se procediera contra Amintas (hijo de Andrómeno) y sus hermanos: Simnias, Atalo y Polemón, dada su amistad con Filotas, a quien debían su proyección pública y de los que Olimpia había advertido a su hijo que se guardase.

El proceso se realizó también ante la asamblea militar y, a pesar de la fuga de Polemón, tras el proceso de Filotas, los hermanos consiguieron ser absueltos, al convencer de su inocencia a la asamblea.

Fue el turno, también ahora, de Alejandro Lincestes, arrestado por una conspiración hacía tres años en Cilicia, por cuenta de Darío y pendiente todavía de juicio.

De familia muy noble, emparentado con la propia familia real, se había salvado de la represión de Olimpia, tras el asesinato de Filipo (en ella murieron dos hermanos suyos) por haber sido el primero en saludar a Alejandro como rey y por la mediación de su suegro, Antípatro. Desde la conspiración de Cilicia contra Alejandro permanecía arrestado.

Su juicio fue distinto. No acertó a defenderse con acierto y no conmovió a la asamblea. Su estado mental, según Curcio, era de pérdida de memoria y próximo a la pérdida del raciocinio, lo que fue interpretado por la asamblea militar como prueba absoluta de mala conciencia. Fue condenado a muerte y ejecutado allí mismo.

Para garantizarse la lealtad de los soldados de base, Alejandro interceptó su correo (habiéndose ofrecido para que su cartero lo llevase a Grecia) y así, a los que se quejaban de las fatigas, de la muerte de Parmenión, de las costumbres orientalizantes del rey, etc., los hizo formar en unidades aparte, «el batallón de los indisciplinados», que incluso eran obligados a acampar separados.

Esta táctica le dio un enorme resultado positivo, pues los soldados, avergonzados por el trato recibido, intentaron recuperar su prestigio por medio del esfuerzo y la superación del resto de sus compañeros.

Alejandro dividió el batallón de los hetairoi, que había mandado Filotas, en dos para que nadie tuviera excesivo poder al mandar un cuerpo tan amplio y selecto (ni siquiera un amigo suyo). Sus jefes serán Hefestión y Clitos el Negro (hijo de Drópides).

XXI. LA CAPTURA DE BESSOS

Con estas disposiciones hechas, puso en marcha al ejército en dirección al territorio de los ariaspas o arimaspos, conocidos como benefactores (evergetes), por haber socorrido a Ciro el Grande con motivo de su guerra contra los maságetas. Éstos le depararon un buen recibimiento y Alejandro les permitió mantener su territorio, regido por sus costumbres, de las que Arriano dice que se basan en el respeto de la ley tanto como las de los griegos, y ampliarlo con el de algunos pueblos vecinos.

Tras someter totalmente la Drangiana, se dirige hacia Aracosia. Por el camino, recibe la noticia de que Satibarzanes ha vuelto a aparecer en Aria con una fuerza de 2.000 jinetes, proporcionada por Bessos.

Envía contra él al persa Artabazo, ayudado por dos de los hetairoi, Carano y Erigio, con 6.000 infantes y 600 jinetes, y ordena también la intervención de Fratafernes, el sátrapa de Partia.

El enfrentamiento es favorable al destacamento macedonio y Satibarzanes, el segundo de los regicidas, resulta muerto en él. Ya sólo queda la captura de Bessos para vengar a Darío y conseguir la legitimidad que le proporciona ser su heredero.

En Aracosia Alejandro funda una nueva ciudad con el nombre de Alejandría (Alejandría Aracosiana, la actual Kandahar), y nombra como sátrapa al macedonio Memnón, realizando luego los consabidos sacrificios.

Desde allí se dirige al Cáucaso Índico (la actual cordillera del Hindu Kush), llegando al Parapámisos, una región bastante desprovista de vegetación, a decir de las fuentes, al este de

Bactriana, de la que nombra sátrapa al persa Proexes, y epíscopos, al hetairo Nilóxeno.

Las duras condiciones climáticas crearon serios problemas al ejército, según nos relata Curcio: congelaciones, quemaduras en los ojos y en los pies, etc., de manera que el número de bajas fue elevado.

Llegados a una zona más apta para el asentamiento humano, el rey fundó una nueva ciudad, Alejandría Caucasiana, cerca de la actual Kabul, donde estableció a 7.000 veteranos, además de aquellos soldados que, por diferentes motivos, habían dejado de ser útiles para el servicio. Nilóxeno es el encargado del trazado de la ciudad y la erección de sus edificios públicos más importantes, con la ayuda del sátrapa de Aracosia, Memnón.

Aquí se unieron al rey las tropas que habían quedado en Ecbatana, al mando de Parmenión, y a las que había hecho llamar desde Phrada. Con el grueso del ejército vuelve a ponerse en marcha, pero no hacia la India sino hacia Bactriana.

Bessos, mientras tanto, permanece en el norte de esta región, con la intención de establecer una línea defensiva en el río Oxus (Amu-Daria), hasta donde acudirían en su ayuda destacamentos de los pueblos de las provincias más alejadas del imperio: corasmios, dahas, sacas, indios y escitas.

Sin embargo, una buena parte de sus siete u ocho mil bactrianos pensaban que Alejandro se dirigiría hacia la India, ignorando estas regiones por la dureza de su clima, y, cuando vieron que no era así, y que además se dirigía contra ellos a gran velocidad, comenzaron a desertar y regresar a sus aldeas.

No le quedó, entonces, más remedio que atravesar el Oxus, incendiar las embarcaciones que le habían servido para hacerlo, y retroceder hacia la Sogdiana, buscando el refugio del río Yaxartes (Sir-Daria).

En la primavera de 329 a.C., Alejandro penetra en Bactriana, hasta alcanzar la ciudad de Drapsaca (la actual Kunduz), donde se avitualla para continuar hacia Aornos, en cuya ciudadela deja una guarnición al mando del hetairo Arquelao, y alcanzar Bactras (actual Balkh), la capital del territorio. Artabazo es nombrado sátrapa de Bactriana y recibe el encargo de custodiar algunos bagajes con un destacamento de protección.

El rey se pone, entonces en marcha hacia el Oxus, cubriendo un espacio de 400 estadios (74 km) de una tierra sin agua y sin víveres, puesto que ha sido devastada por Bessos en su retirada. El Oxus tenía sus aguas crecidas y presentaba una anchura de 6 estadios (unos 1.100 m) y una profundidad desproporcionada. Era, en opinión de Arriano, el más grande de cuantos cruzaron en Asia, excepto los de la India.

El lecho arenoso y las fuertes corrientes impedían la colocación de pilares para construir puentes, y esto, junto con la destrucción por Bessos de las embarcaciones, planteaba serias dificultades para poder atravesarlo.

Así pues, se decidió pasarlo flotando. Se reunió un gran número de pieles de cabra, búfalo y yak y con ellas se construyeron odres inflados de aire que fueron atados, según las necesidades, en grupos de cuatro, seis, ocho o dieciséis y sobre los que se colocó una plataforma de bambú.

En cinco días el ejército macedonio cruzó el río Oxus de esta manera y Alejandro pudo continuar la persecución de Bessos en la Sogdiana, después de haber mandado arrestar y sustituir como sátrapa de Aria a Arsaces (a quien acusaba de traidor) por Estasanor, uno de los hetairoi.

Mientras el rey funda una nueva ciudad, Alejandría Oxiana (del Oxus), y licencia a parte de los macedonios más veteranos y de los tesalios que todavía quedaban en su ejército, un destacamento mandado por Ptolomeo Lagos persigue a Bessos intentando apresarlo.

Sobre la captura de Bessos las fuentes nos transmiten dos versiones distintas:

Curcio cuenta que, aterrados por el avance de Alejandro, algunos personajes cercanos a él, Espitámenes y Datafernes, urdieron un plan con el que se apoderaron del usurpador y se lo entregaron al rey macedonio para congraciarse con él.

Sin embargo, Arriano narra que estos personajes se pusieron en contacto con Alejandro y le hicieron la oferta. Alejandro envió, entonces, el destacamento mandado por Ptolomeo al

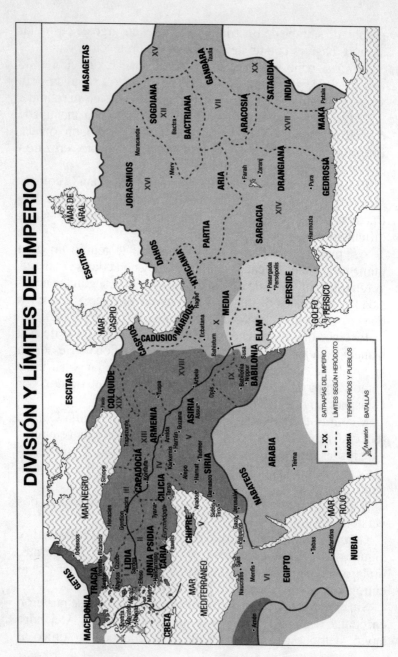

lugar indicado, pero cuando llegó ya no estaban habían cambiado de opinión. Tuvo entonces que dirigirse hacia donde se encontraba Bessos y poner cerco a la aldea, logrando su captura y llevándolo desnudo y encadenado a presencia de Alejandro.

El relato de Arriano está tomado, sin duda, de las memorias del propio Ptolomeo, por lo que resulta más fiable en cuanto a la frescura de las noticias, pero hay que tener cuidado con el interés protagonista del propio Ptolomeo.

Refiere, sin embargo, este mismo autor, a la hora de realizar su entrega y citando a Aristóbulo, que Bessos fue entregado a Alejandro por Espitamenes y Datafernes, coincidiendo con parte del relato de Curcio.

Sea como fuere, Alejandro hizo azotar a Bessos y lo acusó del asesinato de Darío, enviándolo a Ecbatana para ser juzgado por este crimen y por la usurpación del trono.

Según el relato de Curcio, mandó llamar a Oxatres, hermano de Darío, que formaba parte de su guardia personal, y le encargó que, una vez hubieran llegado de vuelta al lugar donde él había asesinado a Darío, cortara al traidor las orejas y la nariz, lo crucificara y lo asaeteara, y tuviera cuidado de que ni los buitres se acercaran a su cadáver.

Los caballos bactrianos, sogdianos y escitas de Bessos pasan a reforzar la caballería macedonia, debilitada tras el paso del Cáucaso Índico y el Oxus y, con todo ello, el rey se dirige hacia la capital de la Sogdiana, Marakanda (actual Samarcanda, en la república de Uzbekistán), donde dejó una guarnición y se dedicó a arrasar las aldeas próximas.

En una escaramuza con una tribu montañosa, Alejandro es nuevamente herido, esta vez en una pierna (con fractura de peroné), por una flecha. La resistencia fue vencida y la represalia sobre los rebeldes bastante considerable.

Se dirige, después, hacia el río Yaxartes (Sir-Daria), tomando todas las ciudadelas que encuentra a su paso, mientras Espitámenes y Datafernes, los que habían entregado a Bessos, organizan una rebelión de toda la Sogdiana, a la que se suman buena parte de bactrianos.

Se hace necesario tomar la ciudad de Cirópolis (actual Ura Tiube, en Tadjikistán), fundación de Ciro el Grande y muy fortificada. Para ello se utilizan los canales, secos en verano (agosto de 329 a.c.), y, una vez dentro de la ciudad, se traba un violento combate en el que el propio Alejandro vuelve a ser herido, esta vez por una piedra y en la cabeza. La ciudad fue conquistada y sus defensores muertos o reducidos a esclavitud.

Cruza, finalmente, el río Yaxartes utilizando nuevamente odres a modo de flotadores, aunque esta vez también para usarlos como plataforma para la artillería, y traba un duro combate con los nómadas sakas o escitas, que habitan el actual Kazajstán y que habían acudido con la intención de atravesar el río para ayudar a los rebeldes sogdianos.

El combate resulta muy violento. Alejandro conduce la carga de la caballería macedonia contra los escuadrones escitas hasta que tiene que ser retirado del campo de batalla, aquejado de una elevada fiebre provocada por la disentería que padece.

Tras el enfrentamiento, los enemigos cambian de actitud y solicitan la alianza de los macedonios, ofreciendo regalos y el matrimonio de Alejandro con una hija del rey escita, oferta, esta última, que es cortésmente rechazada por el rey.

De regreso a la Sogdiana, Alejandro decide fundar una nueva ciudad con su nombre, junto al río Yaxartes: Alejandría Escata (última, la más alejada), también llamada Alejandría Sogdiana o Alejandría del Yaxartes, en la actual Khodyent (antigua Leninabad), cerca de la frontera del imperio chino, que poblará con soldados macedonios y mercenarios griegos, amén de los prisioneros sogdianos capturados en Cirópolis.

El rebelde Espitámenes, mientras tanto, asediaba a la guarnición macedonia de la acrópolis de Marakanda y Alejandro envió contra él un contingente, al mando de Menedemo, Andrómaco y Cárano, que cayó en una emboscada y sufrió una seria derrota con pérdidas cifrables en unos 2.000 infantes y 300 jinetes.

El propio rey tuvo que dirigirse personalmente a la zona para conseguir poner en fuga a Espitámenes, quien levantó el asedio de la ciudad, y al que persiguió por la zona desértica del río

Politimeto (actual Zarafshan, que es engullido por las arenas del desierto), devastando la región y matando a todos los que habían tenido alguna participación en el desastre macedonio.

Tras enviar a Bessos a Ecbatana para que fuera castigado por el asesinato de Darío (después de haberle cortado la nariz y las orejas, en palabras de Arriano, que rechaza este tipo de castigos por ser bárbaros), Alejandro se dirige a sofocar un núcleo de resistencia.

Era la llamada Roca Sogdiana, donde un tal Ariamazes se había refugiado con un numeroso grupo de seguidores (30.000, según Curcio). Se trata de un macizo rocoso de 150 estadios de perímetro (unos 28 km) por 30 de altura (unos 5 km), cortada a pico por todas partes, abrupta y absolutamente inaccesible, excepto por una estrecha senda fortísimamente guardada por los defensores.

En ella se refugian familiares de importantes rebeldes sogdianos y bactrianos y los defensores se jactan de su inexpugnabilidad («necesitarás soldados con alas», dice su líder a Alejandro, según Arriano), lo que espolea los deseos del rey de lograr gestas inalcanzables.

Después de ofrecer premios a los primeros que la coronen, Alejandro ordena la escalada con clavos y cuerdas fijados en la roca y el hielo, por el lugar más abrupto (por ser el menos vigilado). Durante la escalada se despeñaron 32 soldados, cuyos cadáveres no pudieron ser recuperados.

Conseguido esto, exige la rendición, haciendo creer a los defensores que el pequeño grupo de macedonios de las alturas es mucho más numeroso de lo que es en realidad. La táctica da resultado y la fortaleza se entrega.

Entre los prisioneros figura Roxana, hija del noble bactriano Oxiartes, la segunda mujer en belleza de Asia, tras la esposa de Darío, con la que Alejandro contraerá matrimonio legal, atrayendo de esta forma, de paso, a su padre hacia su bando. Según Curcio, Alejandro conoce a Roxana posteriormente, al atravesar el territorio de su padre, que no estaba enfrentado a Alejandro.

Posteriormente el ejército es dividido en cinco cuerpos al mando de Hefestión, Ptolomeo Lagos, Pérdicas, Ceno y Artabazo, y el propio Alejandro realiza durante el verano de 328 a.C. diversas campañas por la zona, entre las que destaca la conquista del oasis de la Margiana, en Turkmenistán, donde se fundará la Alejandría Margiana.

Tras fracasar en una nueva expedición de pillaje, Espitámenes resulta derrotado por Ceno que lo persigue hasta el desierto, donde aquél se refugia, junto con algunos maságetas, que le cortarán la cabeza y se la enviarán a Alejandro (según Curcio, morirá degollado por su propia esposa).

También fue necesario tomar la llamada Roca Coriena (a 80 km de Dushambe, en Tadjikistán), otro lugar fortificado e inaccesible, defendido por un grupo de rebeldes dirigidos por Corienes, que disponían de provisiones para más de un año.

Ésta estaba rodeada por un barranco natural, que fue necesario colmatar con madera de los árboles próximos y tierra para poder acercarse a los defensores, quienes, al ver el avance de los trabajos, día y noche, terminaron por entregarse al rey y establecer un pacto de colaboración con él.

Para descansar de las penalidades de estas campañas, Alejandro da descanso a su ejército y se dedica a celebrar cacerías en el Altai y grandes banquetes en Maracanda.

XXII. EL ASESINATO DE CLITOS Y LA CONJURA DE LOS PAJES

Durante una de estas fiestas, en Marakanda, Alejandro, que se hallaba inmerso en el intento de imponer entre los macedonios la costumbre de una pseudoproskynesis (una relativa inclinación del cuerpo, aunque sin llegar a la postración), para dar ejemplo a los nativos, lo que era rechazado de plano por la nobleza macedonia, estaba siendo adulado por algunos que menospreciaban las hazañas de Filipo, y hasta de los dioses (Dióscuros y el propio Herakles), comparadas con las suyas.

Llevado por el vino, Clitos el Negro dijo lo que opinaba de su orgullo, alabó las hazañas de los dioses y de Filipo por encima de las de Alejandro, cuyas gestas eran, dijo, obra del pueblo macedonio, y le recordó que él mismo le había salvado la vida en una ocasión.

Clitos fue expulsado de la celebración mientras los demás calmaban a Alejandro, pero regresó entonando unos versos de Andrómaca criticando que en las batallas el esfuerzo sea para los combatientes y la gloria para el general. Alejandro, no menos borracho que él, arrebató la lanza a uno de sus guardias y asesinó a Clitos.

Inmediatamente arrepentido de su acción, guardó un luto de tres días, sin comer ni beber, llorando e invocando a Clitos y a su hermana, Lanice, su nodriza, hasta que el sofista Anaxarco de Abdera consiguió sacarlo, de tal estado, con el argumento de que toda acción procedente de un gran rey era justa por definición ya que la Justicia va unida a Zeus. De cualquier manera, el asesinato de Clitos no cambió la política de Alejandro en lo referente al ceremonial persa.

El otro incidente se produce con Calístenes de Olinto, el historiador de la expedición. Éste se mostró contrario y, públicamente, se pronunció contra la proskynesis (según Plutarco, se negó a postrarse cuando le llegó el turno entre beber en la copa y besar al rey), lo que contrarió los planes de Alejandro, cayendo así en la animadversión de éste.

Durante una cacería, uno de los cadetes (jóvenes de la nobleza macedonia que iniciaban su formación militar como pajes del rey), llamado Hermolao, derribó a un jabalí que atacaba a Alejandro antes de que éste pudiera reaccionar.

Molesto consigo mismo por su falta de reflejos, Alejandro le mandó azotar y Hermolao decidió vengarse, urdiendo una conspiración con otros seis cadetes, para asesinar al rey.

El complot fue descubierto y todos los implicados fueron sometidos a tortura hasta que confesaron, siendo posteriormente lapidados por el ejército.

En la investigación resultó implicado Calístenes, como instigador en opinión de Aristóbulo y Ptolomeo. En cualquier caso, la inquina de Alejandro hacia él por el tema de la proskynesis, hizo que el rey diera crédito fácilmente a las acusaciones, amén de que era amigo de Hermolao.

Calístenes fue cargado de grilletes y encarcelado y murió poco después, de enfermedad, aunque Ptolomeo Lagos cuenta, según nos transmite Arriano, que fue sometido a tortura y colgado hasta que murió.

El complot parece haber obedecido a motivos estrictamente personales. Así lo reconoce Alejandro en una carta a sus generales. Sin embargo, en otra dirigida a Antípatro, Alejandro habla de la implicación de Calístenes, a quien castigará él mismo, así como a quienes lo han enviado (Aristóteles, su tío) y a los que han acogido en su ciudad a los conspiradores (los atenienses).

Durante el invierno de 328-27 a.C., Alejandro concede un respiro al ejército en Bactra, que él mismo aprovecha para reorganizar la administración de la zona y nombrar nuevos sátrapas y gobernadores. Es en este momento cuando contrae matrimonio con Roxana, la hija de Oxiartes, en un paso más para lograr la fusión de razas de todos los súbditos de su imperio.

Se dedica también a reforzar el ejército, que ha quedado menguado por los dos años de campaña en Bactriana y Sogdiana, así como por las guarniciones dejadas en las ciudades y la fundación de las Alejandrías. Para ello recibe refuerzos procedentes de Europa (Antípatro le envía 600 jinetes, 7.400 infantes y 8.000 mercenarios) y de Asia (1.000 jinetes y 8.000 infantes traídos de Asia Menor y Siria por Asandro y Nearco). A ello hemos de añadir la oferta de los príncipes indios de la orilla derecha del Indo de combatientes, avituallamientos, bestias de carga y los 25 elefantes ofrecidos por Taxiles.

XXIII. LA CAMPAÑA DEL INDO

En junio de 327 a.C., al frente de una muchedumbre de 120.000 personas, militares y civiles, en la que predominan ampliamente los asiáticos sobre los europeos, Alejandro parte de Alejandría del Cáucaso, habiendo dividido sus tropas en dos cuerpos de ejército:

En vanguardia Hefestión y Perdicas con la misión de ir limando las dificultades y resistencias que pueda encontrar el grueso del ejército, establecer guarniciones e ir preparando el cruce del río. A través del paso del Khyber y a lo largo del río Cophén (Kabul), este cuerpo penetra en el Punjab y va sometiendo toda la resistencia que encuentra y estableciendo guarniciones en ciudades como Orobatis (Peshawar).

Mientras tanto, Alejandro se dirige hacia el norte remontando el curso del Coes (afluente del anterior) hacia Kafiristán, sometiendo a las poblaciones de la zona con la intención de no dejar a su espalda a tribus nómadas turbulentas sin dominar que pudieran poner en peligro sus comunicaciones con los puntos de partida, resultando heridos en estas acciones Ptolomeo Lagos, Leónato y el propio Alejandro por una flecha en el hombro.

La campaña resulta de gran brutalidad, pues la necesidad de ahorrar tiempo hace que las poblaciones que no se entregan voluntariamente sean aniquiladas, las ciudades arrasadas, los campos talados y los animales más aptos (principalmente caballos y bueyes) enviados a Macedonia.

En Nysa (Wama), santuario del dios Shiva coincidente con el nombre del lugar del nacimiento de Dionisos (situado primero en Beocia, luego en Tracia, después en Arabia y finalmente en la India) y nombre también de las ninfas que criaron al dios, los macedonios organizan una fiesta dionisíaca, dadas las características del lugar, abundante en hiedra y vides (las plantas de Dionisos). El parecido entre ambos cultos se explica por el viaje de Dionisos por la India y hace que se produzca la asimilación entre ambos.

Arriano, sin embargo, sitúa esta ciudad en la confluencia del Cophén con el Indo, por lo que la celebración sería posterior a las últimas acciones en la orilla derecha que comentaremos a continuación. Su ubicación real parece ser efectivamente en el valle del Kabul, cerca de la actual Djalalabad.

En Masaga, Mazagas, según Curcio, (Chakdara, en el valle del Svat), hubo de vencer una nueva resistencia durante la cual el rey resultó nuevamente herido por una flecha, esta vez en el muslo. La ciudad hubo de ser tomada utilizando el material poliorcético y los mercenarios que la defendían fueron pasados a cuchillo cuando intentaban desertar, después de haberse pasado a su bando, acción esta denostada por Plutarco. La familia real fue mantenida en sus privilegios y la reina Cleofis, posteriormente, tendría un hijo al que llamó Alejandro.

Finalmente, toda la población rebelde del territorio se refugió en la roca Aornos (picacho de Pir Sar), en el Indo. Ni el propio Indra, la versión india de Herakles, había sido capaz de expugnarla. Todas las fuentes recogen este fracaso de Herakles, pero Arriano manifiesta su desconfianza sobre su autenticidad, alegando que es una forma de ponderar las dificultades a salvar por uno mismo.

La roca, ciertamente, tiene un perímetro de 200 estadios (36 km) y su altura máxima de 11 estadios (2.000 m), aunque, como en otras ocasiones, no se refiere a la altura vertical, sino al trecho a recorrer desde lo más profundo del barranco hasta la cima. Está cortada a pico sobre el río Indo y la única forma de tomarla sería terraplenando los tremendos abismos que la rodean.

Dispone, además, de agua y de tierra para producir alimentos para 1.000 hombres, lo que favorece la defensa de un prolongado asedio. Todo esto no hizo, sin embargo, más que espolear el deseo de superación de Alejandro.

Alejandro recibió la ayuda de unos lugareños que acompañaron a Ptolomeo hasta una posición favorable. Fue necesario construir un terraplén para enlazar con una loma, previamente ocupada. Aun así, los defensores aguantaron varios asaltos hasta que, finalmente, intentaron huir, resultando aniquilados por los macedonios.

En la cima de la roca se levantaron unos altares a Atenea Nike y se celebraron los correspondientes sacrificios de acción de gracias, dejando a Sisicoto encargado de la defensa del lugar.

Recogidos los elefantes, que se habían escapado durante un incidente, el rey da orden de talar suficiente madera para construir barcos con los que bajar el Indo, hasta el lugar donde Hefestión y Pérdicas habían construido el puente y tenían todo dispuesto para cruzar el río, en lo que emplearían 16 etapas.

Al llegar al lugar de la reunión, Alejandro encontró construido un puente de barcazas, así como suministros de reses para sacrificios y alimentación, 30 elefantes de guerra y 700 jinetes indios aportados por Taxiles, príncipe de la región comprendida entre el Indo y el Hidaspes, con capital en Taxila (Jalalpur, cerca de las actuales Islamabad y Rawalpindi), como señal de alianza.

Con todo ello, cruzó el Indo y penetró en el Punjab, el «País de los Cinco Ríos», el Indo y sus afluentes: Hidaspes [Jhalum](afluente del Acesines por la derecha), Acesines [Chenab](afluente del Indo), Hidraotes [Ravi] e Hífasis [Bias] (afluentes ambos del Acesines por la izquierda).

Allí fue recibido y agasajado por Taxiles, recibiendo, así mismo, la sumisión de Abisares, monarca de los abisara, del otro lado del Hidaspes, en la Cachemira, y rival de Taxiles.

Mantuvo a ambos reyes en sus tronos y nombró, además, a Filipo sátrapa de la región, entregándole para su defensa los soldados heridos y más cansados de las últimas acciones.

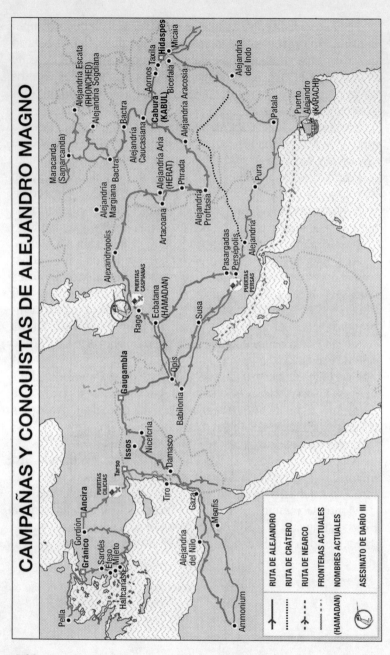

XXIV. LA BATALLA DEL HIDASPES

No ocurrió lo mismo con Poros, rey de los Puru, en la región de Lahore, y también enemigo de Taxiles, quien respondió al emisario enviado por Alejandro que saldría a recibirlos, pero con el ejército formado y armado, a la ribera del Hidaspes para impedirle el paso.

El rey ordenó a Ceno regresar al Indo y traer, desmontados y a lomos de animal, los barcos que habían utilizado para cruzarlo, incluidas tres triecónteras. Así se hizo y los barcos quedaron perfectamente reconstruidos a orillas del Hidaspes.

En junio de 326 a.c., Poros estaba en la otra orilla con su ejército desplegado. Nuevamente las fuentes discrepan en los efectivos enemigos. Curcio las cifra en 85 elefantes de guerra, 300 carros y 30.000 infantes; mientras que Arriano habla de 200 elefantes, 4.000 jinetes, 300 carros y 30.000 infantes; Plutarco de 2.000 jinetes y 20.000 infantes, y Diodoro de 130 elefantes, 1.000 carros, 3.000 jinetes y 50.000 infantes.

El río tiene una anchura en ese lugar (Djalalpur) de cuatro estadios (740 m), debido a que en primavera viene con aguas altas, producto del deshielo, y aumentadas por los monzones.

Alejandro decidió, entonces, maniobrar por la orilla derecha del río, ocupando diversas posiciones con secciones de sus tropas y dando la impresión de que estaba dispuesto a esperar al invierno, cuando las aguas del río eran más bajas para vadearlo, si era necesario.

Acostumbrados los enemigos a estas maniobras y movimientos del ejército de Alejandro, después de varios días, dejan ya de seguirlos desde la otra orilla, limitándose a establecer vigías.

El rey aprovecha esta circunstancia para encabezar subrepticiamente a un cuerpo de ejército dirigido a ocupar una isla con espesa vegetación, 150 estadios (unos 27 km) río arriba, dejando a Crátero al mando del campamento con instrucciones precisas sobre permanecer a la espera, encendiendo fuegos y realizando simulaciones de atravesar el río para distraer al enemigo, así como sobre el momento de entrar en acción dependiendo de la situación. La zona intermedia quedaba cubierta por el resto de las tropas, sirviendo, así, de enlace para la transmisión de noticias y señales.

Durante la noche hicieron todos los preparativos necesarios, amparados en la tormenta monzónica que ocultaba los inevitables ruidos y, al alba, consiguieron realizar la travesía del río en las balsas y triacónteras, sin que los vigías de Poros se percatasen de la maniobra.

Sin embargo desembarcaron, por error, en otra isla y, para no tener que repetir la maniobra, fue necesario buscar urgentemente un vado para atravesar este último brazo del río, lo que finalmente se logró, y Alejandro comenzó a formar sus tropas en la orilla izquierda del Hidaspes, ocupando el flanco derecho de Poros.

Aquí se produjo el primer choque contra un grupo de 120 carros y 2.000 jinetes, mandado por el hijo de Poros (hermano, según Curcio), Espitaces. Alejandro repelió la acometida pero en ella resultó nuevamente herido, de carácter leve, y muerto su caballo Bucéfalo, ambos por las manos del hijo de Poros (Curcio cuenta, sin embargo, que Bucéfalo murió, herido y agotado por la edad y las fatigas, cuando Alejandro se disponía a perseguir, con su ayuda, a Poros, tras la batalla principal).

Alejandro alcanzó a los fugitivos y dio muerte a un gran número, entre ellos el hijo de Poros, apoderándose, además, de los carros.

Poros dejó unos pocos efectivos con algunos elefantes para amedrentar a Crátero en su travesía y salió con el grueso de sus tropas: 200 elefantes, 300 carros, 4.000 jinetes y 30.000 infantes, a enfrentarse al rey macedonio.

Dispuso los elefantes en vanguardia a un pletro de distancia (unos 30 m), para cubrir todo el frente macedonio y, tras ellos, la infantería, cubriendo los espacios entre los animales; en los flancos estaba la caballería y delante de ella, y más al exterior, los carros.

Alejandro concentró la mayor parte de la caballería en su flanco derecho, por donde pensaba lanzar el ataque para evitar a los elefantes, y ordenó, al centro, esperar a que se desordenasen las filas enemigas y, al flanco izquierdo, aguardar para rodear al enemigo cuando quedaran a su espalda.

La táctica obligó a desdoblarse a la caballería india, momento aprovechado por Alejandro para atacarla y ponerla en fuga yendo a refugiarse entre los elefantes. Éstos atacaron entonces a la falange hoplítica, que, a su vez, cargó contra ellos, rodeándolos e hiriéndolos continuamente.

Los elefantes quedaron encerrados en un lugar estrecho y su pánico produjo bajas en ambos bandos, mientras la caballería macedonia daba cuenta de la india en un nuevo choque, debido, en parte, a que ésta también estaba encerrada por sus propios elefantes.

La infantería atacaba a los elefantes con las largas sarissas, con hachas cortaban sus patas y con espadas afalcatadas causaban graves heridas en las trompas que enfurecían a los animales y los ponían fuera de control.

El descontrol de éstos, al ser heridos o perder a sus guías, provocaba un creciente número de bajas entre sus propias filas, mientras que los macedonios, al disponer de más espacio para maniobrar, conseguían eludirlos con mayor facilidad.

Cuando los agotados elefantes comenzaron a retroceder, la infantería macedonia, reorganizada, consiguió rodear a la infantería y los restos de la caballería india, dejándoles un estrecho corredor por el que comenzaron a buscar la salida.

Entonces Crátero atravesó el río con tropas de refresco, que sustituyeron en la persecución a las de Alejandro y fácilmente consiguieron acabar con un elevado número de los cansados enemigos, que Arriano cifra en 3.000 jinetes y 20.000 infantes (incluidos otros dos hijos de Poros), amén de apoderarse de todos los carros de guerra y de los elefantes supervivientes, a cambio de unas 300 bajas totales en el ejército macedonio.

Diodoro nos habla de 12.000 indios muertos y 9.000 hombres y 80 elefantes prisioneros, por 700 infantes y 280 jinetes macedonios.

Poros, que combatía sobre un elefante, aguantó durante toda la batalla, acudiendo allá donde lo creía necesario, hasta que resultó herido en el hombro derecho y comenzó la huida. Alejandro, valorando su comportamiento, le envió sucesivos emisarios para que se entregara y así lo hizo finalmente.

Curcio y Plutarco narran la extrema solicitud y delicadeza que el elefante de Poros mostró hacia su dueño, arrodillándose para que bajara cuando lo vio desfallecer (ya no tenía conductor), arrancándole los dardos del cuerpo con la trompa y atacando ferozmente a los macedonios que se aproximaban a él, hasta que murió acribillado por éstos.

Alejandro nombró a Poros sátrapa de esta región, no sólo por admirar su comportamiento sino también por la plena consciencia de que necesitaría a alguien como él para poder controlar esta región del Punjab y, desde este momento, la lealtad de Poros al rey fue total.

XXV. NUEVAS FUNDACIONES DE CIUDADES

Terminada la batalla, la primera tarea es enterrar o incinerar a los muertos, realizar sacrificios en honor de los dioses en agradecimiento por la victoria y celebrar juegos fúnebres gimnásticos e hípicos, en el lugar donde el Hidaspes fue cruzado, en recuerdo de los caídos.

Sobre el río Hidaspes Alejandro decide la fundación de dos nuevas ciudades, una en cada orilla. En la orilla izquierda, y en el mismo emplazamiento donde tuvo lugar la batalla, se funda Nicea (Nikaia, Victoria), [posiblemente la moderna Mong] en conmemoración del resultado de la batalla.

En la orilla derecha, y aguas arriba, donde se produjo el cruce del río se funda Bucefalia (cerca de la actual ciudad de Djalalpur), en recuerdo de Bucéfalo, el mítico caballo, compañero de Alejandro durante más de veinte años, que resultó muerto en ese lugar.

Dejando a Crátero al cargo de los trabajos de construcción de las ciudades, cuyos planos había trazado el propio rey, Alejandro se dedica a dominar todo el territorio comprendido entre el Hidaspes y el Acesines que, en general, se le entrega sin resistencia tras haber presenciado la tremenda derrota de Poros.

Una vez atravesado el Acesines (Chenab), con grandes dificultades derivadas de su fuerte corriente y gran caudal, las poblaciones de su orilla izquierda se van sometiendo también a Alejandro, que las pone bajo la jurisdicción de Poros.

Aquí encuentra la resistencia de un príncipe local, también llamado Poros (a quien las fuentes hacen primo y enemigo del homónimo), al que pone en fuga encargando su persecución a Hefestión, mientras él se dirige al río Hidraotes (Ravi).

Las fuentes nos describen las maravillosas plantas y animales que existen en estas regiones, como árboles de 30 m de altura, cuyo tronco no pueden abrazar cinco hombres tomados de las manos y capaces de cobijar a cincuenta jinetes (la higuera de Bengala), serpientes de 7 m de longitud (pitones) y otras de un veneno fulminante (cobras) y rinocerontes (nombre puesto, evidentemente, por los griegos a este animal).

La travesía del Hidraotes fue, por el contrario, mucho más tranquila que la del Acesines. Las poblaciones de su orilla izquierda también se entregaron masivamente a Alejandro, excepto el pueblo de los cateos que se preparaba para defenderse en cuanto los macedonios se acercaran a su territorio. Así que Alejandro se dirigió hacia su capital, Sangala.

Era ésta una estupenda fortaleza (que algunos han intentado identificar con la actual Lahore), protegida por una buena muralla y una laguna. En ella se había concentrado un elevado número de rebeldes que habían rodeado la ciudad con sus carros, en los que acampaban.

En un primer choque, en campo abierto, los indios fueron batidos, desarbolando la infantería macedonia su sistema de combate que consistía en enlazar los carros por parejas, formando plataformas, tras de lo cual regresaron y se refugiaron en el interior de la ciudad.

Alejandro apostó centinelas en la laguna para evitar fugas, como así ocurrió esa misma noche, y, a la mañana siguiente, construyó una empalizada. Durante la noche un segundo intento de fuga por la laguna resultó fracasado y, finalmente, se produjo el asalto a la ciudad, sin necesidad de maquinaria, pues los macedonios habían socavado el muro provocando su hundimiento.

Entraron en la ciudad y la tomaron matando a buen número de sus defensores (17.000, según Arriano) y capturando como prisioneros a los restantes (70.000, según el mismo autor). A esta victoria contribuyó la aportación de Poros, que llegó durante el asedio con 5.000 indios y un importante número de elefantes.

El relato narrado entre los pueblos vecinos por los que consiguieron escapar contribuyó a extender la leyenda de un ejército de dioses, absolutamente invencible, y facilitó la sumisión de todo el territorio.

Alejandro es bien acogido por el rey Sophites que se le entrega con su reino y demás posesiones. Le regala gran cantidad de riquezas entre las que destacan, según nos cuenta Curcio, unos fabulosos perros de caza, especialmente aptos para el enfrentamiento con leones.

Tras haber sido huésped de Sophites, en agosto de 326 a.C., Alejandro se encamina hacia el río Hifasis (el moderno Bias o Vipasa), con la intención de cruzarlo y proseguir su avance hacia el este. Ha recibido noticias de la extraordinaria riqueza y fuerza militar del territorio que se extiende al otro lado del río, hacia la llanura del Ganges.

Las fuentes nos hablan de un rey Agrames que dispone de 200.000 infantes, 20.000 jinetes, 2.000 carros y 3.000 elefantes (Curcio), o bien 200.000 infantes, 80.000 jinetes, 8.000 carros y 6.000 elefantes (Plutarco), lo que vuelve a espolear los deseos del rey de lograr gestas inalcanzables, pero esta vez se encuentra con la resistencia de sus soldados.

Arriano nos transmite un artificioso discurso en el que Alejandro expone sus proyectos de futuras conquistas: toda la India hasta el océano, la circunnavegación de Libia (África) y su conquista, incluyendo Cartago; la creación, en suma, de un imperio universal.

Pero sus palabras no logran convencer a sus fatigados hombres y Ceno habla en nombre de todos, presentando el cansancio, agotamiento y falta de recursos que padecen, por lo que, finalmente, el rey se decide por el regreso.

Mandó erigir en el río Hifasis (al este de la actual Amritsar [todas las fuentes coinciden en ello pero la arqueología no ha logrado encontrar ningún resto]) doce altares (más altos que las más altas torres, dice Arriano), en acción de gracias a los dioses que le habían mantenido invicto hasta ese punto (marca la frontera, el límite máximo de avance, del imperio), a pesar de las muchas penalidades sufridas.

Están dedicados a Atenea, Apolo, Zeus, Herakles, Amón, el Sol Indio, etc. En ellos celebra los correspondientes sacrificios, acompañados de los certámenes gimnásticos e hípicos.

Todo el territorio indio entre el Hidaspes y el Hífasis queda asignado al gobierno del rey Poros. Regresa hacia el primero de los ríos, donde restaurará los destrozos provocados por las lluvias torrenciales en Nicea y Bucefalia, reestructura algunos aspectos de la administración de la India, logrando la reconciliación entre Taxiles y Poros, marcando claramente la demarcación de cada uno.

Con ayuda de ambos rajás, comienza la construcción de una flota con la que descenderá por el Hidaspes hasta el Acesines y por éste hasta el Indo y, por él, hasta el Gran Océano, para regresar hacia Occidente.

XXVI. EL REGRESO

Una vez construidos y montados los barcos, y tras haber dispensado a Ceno, fallecido de enfermedad en el Hidaspes, los funerales con el boato correspondiente a su condición, dentro de lo que las circunstancias permitían, Alejandro embarcó personalmente con parte de sus tropas en la flota, cuya dirección encargó a Nearco.

Mientras, Crátero recibía la orden de seguirlo por tierra, bordeando la orilla derecha del río, y Hefestión, igualmente, pero por la orilla izquierda, con las tropas más selectas y 200 elefantes (por ser la zona más expuesta), de manera que la flotilla de Alejandro resultaba perfectamente flanqueada.

El número de barcos que componían la flota era, según Arriano, que sigue como fuente a Ptolomeo Lagos, de 80 triacónteras y unas dos mil pequeñas naves y barcazas de carga para el transporte de animales, mercancías y diversos enseres. Otras fuentes, como el propio Nearco y Diodoro, cifran el total de embarcaciones en mil.

En noviembre de 326 a.C., tras haber realizado los oportunos sacrificios a las divinidades de los ríos, solicitando su protección, comienza la navegación, río abajo, a un ritmo de 40 estadios (unos 7,5 km) diarios para que los soldados pudieran desembarcar, de vez en cuando, en los lugares que resultaban propicios y manteniendo una estricta distancia de seguridad entre las naves, un orden y una velocidad de marcha uniforme, para evitar que se produzcan choques entre ellas.

La navegación transcurre sin incidencias hasta llegar a la confluencia con el Acesines, donde se forman remolinos que rompen los remos y hacen zozobrar algunas de las naves de guerra, produciéndose algunas bajas entre sus ocupantes. Las barcazas y chalupas, sin embargo, resisten mejor este tipo de contratiempos por ser más pequeñas y, por tanto, dóciles al movimiento de las aguas.

Por el camino, la mayor parte de las poblaciones se van entregando a Alejandro y salen a recibir el cortejo entonando cánticos; sin embargo, determinadas tribus, especialmente la de los mallios (que tienen fama de ser los indios más belicosos de la región), mantienen una actitud hostil y se refugian en las ciudades más fortificadas.

Alejandro desembarca en el territorio de éstos, tras haber superado la confluencia del Hidraotes con el Acesines y se dirige a asediar sus plazas fuertes. Atravesando, en un tiempo récord, un paraje desértico de gran dureza, lo que provoca que tome por sorpresa a los enemigos, cae sobre ellos causándoles un gran número de bajas y, a continuación, va tomando sus ciudades, una por una, con relativa facilidad.

Finalmente, se dirige a la principal ciudad de este pueblo, cuyo nombre no nos es transmitido por las fuentes, donde se ha refugiado un gran número de ellos, supervivientes de las escaramuzas que han tenido lugar por todo el territorio.

El asalto a la ciudad resultó sencillo, ya que los defensores abandonaron los muros para refugiarse en la ciudadela, pero el asalto a ésta resultó más complicado.

Pese a los desfavorables presagios, Alejandro ordenó adosar las escalas al muro y, al ver que algunos de sus hombres flaqueaban, subió el primero, seguido sólo por tres compañeros. Los soldados, al verle sólo sobre el muro, convertido en un buen blanco para las flechas, intentaron subir en tropel provocando la destrucción de la escala y el aislamiento completo del rey.

En lugar de permanecer sobre el muro o saltar al exterior, Alejandro saltó al interior de la ciudadela a trabar combate con los defensores, entre los que provocó un auténtico pánico, confiando en la suerte y, en el peor de los casos, una muerte gloriosa como culminación de sus hazañas (en el muro era segura al cabo de un tiempo y sin provecho).

Las fuentes coinciden en que en el interior de la fortaleza el rey se comportó como un león. Respaldado en el muro (según

Arriano) o en un árbol (según Curcio) dio muerte a todo enemigo que se acercó, de manera que éstos se limitaron a lanzarle flechas desde una prudente distancia.

Una de estas flechas, de dos codos de longitud (usadas por Poros en el Hidaspes), atravesó la coraza del rey y se clavó entre las costillas, bajo el pezón derecho, llegando a perforar el pulmón, pues Ptolomeo cuenta en sus memorias (usadas por Arriano) que por la herida salía aire junto con la sangre.

A pesar de la herida continuó luchando hasta que una lipotimia le privó del conocimiento. Los dos compañeros que iban con él, Peucestas y Leonnato (el tercero había sido abatido), lo protegieron mientras los soldados conseguían escalar el muro por diferentes medios y caer al interior de la ciudadela con tremenda furia.

Los soldados, sin saber si el rey vivía o no, se entregaron a una matanza brutal entre los defensores sin respetar a nadie (incluidos ancianos, mujeres y niños), algo muy anormal en el ejército macedonio, mientras el cuerpo de Alejandro era sacado sobre un escudo y llevado a su tienda, en el mismo lugar de la batalla.

Allí Critóbulo (el médico que ya lo había sido de Filipo, según Curcio) o Critodemo de Cos o el propio Pérdicas (según Arriano) le arrancó la caña y le abrió la herida para extraerle la punta, proceso en el que se produjo una gran hemorragia y el rey perdió el conocimiento, pero se consiguió detener ésta y, al cabo de poco, volvió a recuperarlo.

La convalecencia del rey motivó que se extendiera entre las tropas, en el campamento, el rumor de que había muerto, con el consiguiente número de problemas que acarreaba (desánimo de las tropas por miedo a posibles rebeliones de los pueblos sometidos, a no ser capaces de regresar, a la incertidumbre sobre su heredero, etc.).

Peucestas y Leonnato fueron recompensados con una corona de oro y el primero, además, con el honor de ingresar en la guardia de corps del rey, un cuerpo formado por ocho macedonios de noble familia que asistían personalmente al rey y que en el triunfo celebrado en Babilonia, tras regresar de la India, serán:

Leonnato, Hefestión, Lisímaco, Arístono, Pérdicas, Ptolomeo, Pitón y Peucestas.

Las noticias sobre su estado no eran creídas e, incluso, una carta del rey fue tomada por falsa. Tuvo Alejandro que ordenar su transporte, por el Hidraotes, al campamento, en cuanto lo permitió su recuperación, para acallar estos rumores y tranquilizar la situación.

Su llegada en barco al campamento, situado en la confluencia del Hidraotes y el Acesines, despierta el júbilo entre las tropas al verlo vivo y supone la pérdida de la última esperanza para los enemigos de que su muerte fuera cierta.

Allí comparecen los representantes de los mallios y otros pueblos rebeldes de la zona, como los oxidracos, para hacerle acto de sumisión y entrega de presentes y rehenes.

Filipo es nombrado sátrapa de esta región y, habiendo terminado de construir más naves mientras duraba su recuperación, se continúa la navegación por el Acesines hasta llegar a la confluencia con el Indo, donde se le une Pérdicas, que se había separado para dominar al pueblo de los abastanos y donde se refuerza nuevamente la flota.

En este punto Alejandro funda una nueva ciudad con su nombre, Alejandría de Opieno (posiblemente la actual ciudad de Mittun), en el punto donde termina la India Superior, la satrapía encomendada a Filipo.

Retomada la navegación río abajo, Alejandro funda una ciudad en la primavera de 325 a.C., en la confluencia del Indo y el Mula, en el territorio de los sogdoi, Alejandría de los Sogdes (cerca de Sukkur), dotada de astilleros donde reparó nuevamente las naves deterioradas, y nombra sátrapa de la zona comprendida entre la confluencia del Indo y el Acesines y el océano Índico a su suegro Oxiartes y a Pitón, comandante militar.

Somete el territorio de los musicanos, oxicanos, prestos, sambos, etc. En uno de estos enfrentamientos los indios envenenan sus armas con el objeto de matar al rey con un simple rasguño. Curiosamente, a pesar de haber estado en primera línea, esta vez Alejandro no fue herido, aunque sí muchos soldados que fallecieron de simples rasguños.

El propio Ptolomeo Lagos estuvo a punto de morir por una herida leve. Las fuentes (excepto, curiosamente, Arriano, que utiliza como fuente a Ptolomeo) nos cuentan que, velando Alejandro el sueño de éste, se quedó dormido y se le apareció un dragón (una de las serpientes de su madre, según versiones) que le mostró una hierba verde. Mandó buscarla y, aplicada a la herida de Ptolomeo, salvó su vida y la de otros soldados en las mismas circunstancias.

Habiendo recibido una embajada de la ciudad de Pátala (Haiderabad), donde comienza el delta del Indo, entregándosele todo el territorio, ordenó a Crátero regresar hacia Occidente, con la infantería pesada, los elefantes y los soldados que habían quedado inútiles y volvían a casa, a través de Aracosia y Carmania.

Aunque la ruta que siguió Crátero en su regreso no es conocida con certeza, probablemente pasó por Alejandría Aracosiana (Kandahar), dirigiéndose hacia el estrecho de Ormuz, en cuyas proximidades debía reunirse con Alejandro.

Mientras, él continuaría la navegación por el Indo hasta llegar a Pátala, bordeando el río por una orilla Hefestión y, por la otra, Pitón con el resto del ejército, hasta confluir los tres en Pátala.

Alejandro ordenó fortificar la acróplis de Pátala y construir unos astilleros, con un arsenal, así como cavar pozos para hacer más factible la agricultura de la región, a fin de convertir la ciudad en una importante urbe, dada su situación privilegiada.

Continúa el descenso del río, por el brazo derecho, hacia el mar con grandes dificultades, por la falta de prácticos nativos, conocedores de los arenales del río, y por la existencia de un fuerte viento del sur (el monzón de verano) que dificulta la navegación, incluso, a favor de corriente.

La expedición recala en una isla del Indo, donde reparan los daños ocasionados a las naves por estos elementos, así como por las mareas y, posteriormente, se explora otra isla, ésta ya en el mar abierto.

Después de haber navegado por el océano de más allá de la India, intentando ver si había territorios próximos, Alejandro realiza sacrificios en ambas islas a los dioses y arroja al mar cráteras y copas de oro en acción de gracias, dando por finalizada oficialmente su expedición y remontando el curso del Indo en dirección, nuevamente, a Pátala.

De nuevo en la ciudad, ultima sus construcciones, mientras desciende nuevamente al mar por el brazo izquierdo del Indo, explorando toda la zona y excavando pozos para favorecer una posterior navegación de cabotaje. Construye pequeños asentamientos y regresa nuevamente a Pátala.

A comienzos de septiembre de 325 a.C., Alejandro sale de Pátala hacia el oeste, con destino a las capitales persas, aprovechando que el monzón de verano le abastecerá suficientemente de agua al llenar pozos y arroyos, ya que el camino más corto es el más duro, a través de Gedrosia (el desierto de Beluchistán).

La flota permanece, al mando de Nearco, y con Onesícrito como primer piloto y timonel, a la espera del momento apropiado para iniciar la navegación de cabotaje, que es a partir de octubre (ocaso de las Pléyades) y hasta el solsticio de invierno.

Sus órdenes son descender nuevamente el Indo hasta el mar, navegar costeando por el océano Índico, atravesar el estrecho de Ormuz, continuar la navegación por el golfo Pérsico, hasta la desembocadura del Éufrates y remontar éste hasta Babilonia.

Nearco dejará una narración de su viaje, en forma de periplo, que Arriano utilizará como fuente principal de su libro VIII de la *Anábasis de Alejandro Magno*, que lleva por título *India*, y en el que amplía enormemente la información sobre todos estos territorios.

XXVII. EL DESIERTO DE GEDROSIA

Alejandro se puso en camino y en nueve jornadas llegó al territorio de los arabitas, en la actual región de Karachi, quienes no ofrecieron resistencia. Continuó después hacia el territorio de los oritas, cuya capital, Rambacia, le pareció disfrutar de una situación estratégica para fundar una ciudad, cometido que encargó a Hefestión. La ciudad será Alejandría Oritia, con un puerto en Kókala, en la desembocadura del río Purali.

La zona fue saqueada por Ptolomeo Lagos (la costa), por Leonnato (las llanuras del interior) y por el propio Alejandro (las zonas montañosas), según Diodoro, consiguiendo un considerable botín, según Curcio.

Nombró sátrapa de la región a Apolófanes y dejó con él a Leonnato para ordenar los asuntos de la zona, con el encargo de esperar la llegada de Nearco y luego seguir el avance, mientras él continuaba hacia el país de los gedrosios, el actual Beluchistán, al que llegó en otras nueve etapas.

Siguió un camino costero, en un intento de apoyar a la flota, pero la costa desértica no era apta para crear establecimientos y, frecuentemente, tenía que desviarse hacia el interior.

Sus exploradores encontraron un pueblo, los ictiófagos o indios costeros, que sólo se alimentaban de pescado y estaban sumamente atrasados, y que resultaron un escaso apoyo. La travesía resultó de una penuria excepcional por el hambre y la sed, pues ni siquiera se podían excavar pozos, ya que éstos eran de agua salada.

Recurrieron a ir matando, de forma ilegal pero consentida, los animales de carga, pero ello supuso un problema añadido porque los que desfallecían o enfermaban eran abandonados al no poder cargar con ellos los demás.

Una lluvia torrencial en las montañas hizo crecer repentinamente un torrente, junto al que estaba acampado el ejército, arrastrando a casi todas las mujeres y niños que iban en él, así como a los escasos animales que quedaban.

Arriano nos cuenta la anécdota, reconociendo que otros la sitúan en otras zonas (Plutarco cuando perseguía a Darío y Curcio en Sogdiana), de que Alejandro marchaba a pie cuando unos exploradores le trajeron, en un casco, un poco de agua que habían encontrado en una poza. Viendo a sus hombres sedientos, el rey la derramó en la arena provocando la inmediata recuperación de ánimos entre la tropa, como si todos hubieran bebido.

Las penalidades sufridas durante los sesenta días que duró esta auténtica travesía del desierto, con temperaturas superiores en ocasiones a los 50 °C, supusieron la pérdida, aproximadamente, de la cuarta parte de los efectivos, cifrados por todas las fuentes en 120.000 hombres a la partida del Hidaspes (hay que descontar, pues, los de Crátero, los que quedaron con Leonnato y las bajas anteriores), nada, sin embargo, comparado con las pérdidas totales que sufrieron Semíramis de Asiria (que regresó con veinte soldados) y Ciro el Grande de Persia (con siete) en esta región, a quienes intentaba, como siempre, superar.

En noviembre de 325 a.C. llega, por fin, a la capital de Gedrosia, Pura, cerca de Bampur de Makran, en el este de Irán, donde da descanso a las tropas y repone las graves pérdidas sufridas.

Aquí es alcanzado por el destacamento de Leonnato y destituye a Apolófanes del mando de Gedrosia, por incompetente, y lo sustituye por Sibirtio, a quien concede también la satrapía de Aracosia, en lo que parece ser un intento de distraer de su persona la responsabilidad por el desastre de la travesía de Gedrosia.

La muerte de Filipo, sátrapa de la India, hace que encargue su gobierno al rajá Taxiles y a Éudamos hasta que él envíe un nuevo gobernador, y Astaspes, sátrapa de Carmania, que contaba con la muerte de Alejandro en Gedrosia para una rebelión, es sustituido por Tlepólemo.

En enero de 324 a.C. sale de Pura y, tras tres semanas de marcha, por el valle del Bampur, llega a Salmous de Carmania (actual Khanu, 120 km al norte de Ormuz).

Aquí se reúne con Crátero y el resto del ejército, que ha seguido la ruta norte, sofocando una rebelión, y recibe a Estasanor, sátrapa de Aria, y al hijo de Fratafernes, sátrapa de Partia e Hircania, que trajeron gran número de camellos y otros animales de carga, en previsión de las pérdidas que Alejandro sufriría en Gedrosia (como realmente ocurrió), así como a Cleandro y Sitalces, que habían quedado con Parmenión (y le habían asesinado) en Media.

Estos últimos son acusados por la población de haber cometido todo tipo de tropelías y abusos confiando, sin duda, en el no regreso de Alejandro. Ambos serán ejecutados, a modo de ejemplo, junto con los líderes de la revuelta (traídos prisioneros por Crátero) y Astaspes, el sátrapa traidor. El ejemplo surte efecto y Alejandro conmina a sus sátrapas a gobernar de manera justa y desmovilizar a sus mercenarios.

Hárpalo, que había quedado en Babilonia a cargo del tesoro real (que había dilapidado en beneficio propio) se siente aludido y huye a Tarso, de donde pasará a Atenas para intentar sublevarla contra Alejandro, empresa durante la que será asesinado.

Curcio y Plutarco nos cuentan en este punto la celebración de un desfile báquico. Arriano también lo hace, de modo más somero y exponiendo claramente que él no lo considera digno de crédito, pues sus principales fuentes (Ptolomeo y Aristóbulo) no lo mencionan. Es conocido como la «Bacanal de Carmania» y ha dado lugar a toda una serie de leyendas sobre este tipo de celebraciones por Alejandro, pero su historicidad es, claramente, muy cuestionable.

Sí celebró sacrificios por sus victorias sobre los indios y por haber conseguido atravesar Gedrosia y nombró a Peucestas (quien le salvó la vida en la ciudadela de los mallios) miembro de su guardia de corps, con la intención de nombrarlo sátrapa de Persia más adelante.

Finalmente, se encuentra con Nearco que ha costeado el Índico desde «Puerto de Alejandro» (Karachi) hasta Harmozeia (Ormuz). El encuentro tiene lugar en esta población o en la propia Salmous (según Diodoro) y el rey le pide que le cuente su periplo.

Alejandro ordena a Nearco que continúe su navegación penetrando en el golfo Pérsico hasta la costa de Mesopotamia y remontando, posteriormente, el curso de río Éufrates hasta la ciudad de Babilonia, donde se reunirán de nuevo.

Dejando en Salmous, que posteriormente será llamada Alejandría de Carmania, a los soldados más agotados, parte de los mercenarios y a los indígenas enrolados, con el encargo de pacificar la región y acabar con el bandidaje, parte hacia Pérside.

Al llegar a Pasargadas reorganiza la administración territorial, alterada por la muerte (por enfermedad) de Frasaortes, a quien él había nombrado, y desempeñada desde entonces por Orxines. Recibe al sátrapa de Media, Atropates, que trae a un tal Bariaxes que se había proclamado rey y a sus seguidores, quienes fueron ejecutados por orden de Alejandro.

Visitó la famosa tumba de Ciro el Grande que encontró saqueada y en muy mal estado. Ordenó a Aristóbulo (la fuente de Arriano) su reconstrucción y mandó torturar a los encargados de su custodia para descubrir a los autores, aunque no lo consiguió.

Llegado a Persépolis, se arrepintió de su destrucción en los años anteriores y, tras ejecutar al sátrapa Orxines, acusado de expolio por sus gobernados, nombró, en su lugar, sátrapa de Persia a Peucestas, quien inmediatamente adquirió el idioma, la indumentaria y las costumbres persas, para regocijo de sus gobernados y del propio Alejandro y malestar del resto de los macedonios.

Las fuentes coinciden en comentar los grandes proyectos de futuro que tenía el rey. Navegar por el Tigris abajo hasta el golfo Pérsico, circunnavegar Arabia y África, atacar a Cartago (con la cual estaba, formalmente, en guerra desde que ésta ayudó a los tirios en el asedio de la ciudad), llegar a Gadir, apoderarse de Iberia y pasar a Italia a enfrentarse con Roma (de cuyo poder emergente había oído hablar); sumar, en resumen, a su dominio oriental el Occidente para crear un auténtico imperio universal.

Arriano, la más rigurosa de nuestras fuentes, reconoce que son puras conjeturas y que nadie puede asegurar lo que pensaba Alejandro, pero, conocida su concepción política, nos parecen unas conjeturas poco aventuradas.

XXVIII. LOS ÚLTIMOS DÍAS

Continuando la marcha por la Pérside atravesando nuevamente, pero ahora en sentido contrario, las Puertas Persas y remontando el valle del Kharum, Alejandro llega a Susa en marzo de 324 a.c., donde realiza nuevos reajustes en el ejército, la administración y la economía del imperio, castigando nuevamente a los sátrapas y gobernadores corruptos o que se habían extralimitado en sus funciones, como el propio Abulites (sátrapa de Susiana) y su hijo, Oxatres.

Hefestión recibe el título persa de Hazarapatis, especie de visir y jefe de la casa militar del rey, así como el gobierno de Mesopotamia (que antes ejercía Hárpalo), lo que lo convierte en el primero, tras el rey. Eumenes es nombrado canciller. Se aumenta el número de guardias de corps a 10.

Nearco, enterado de que el rey está en Susa, vuelve de su camino a Babilonia, Éufrates abajo, remonta el Kharum y se presenta en la ciudad, dando fin a su periplo y cumpliendo el mandato real.

Las fuentes nos describen aquí el suicidio, en una pira, de Kalana (Kálanos, en griego), un filósofo indio (posiblemente, un jainista) que había decidido acompañar a Alejandro y que, al sentirse enfermo (una esclavitud del cuerpo), decidió liberarse del objeto de sus males mediante el fuego purificador, lo que impresionó terriblemente a los griegos. Plutarco nos comenta que, al despedirse del rey, le profetizó que pronto lo vería en Babilonia.

La celebración de sacrificios a los dioses en acción de gracias supone, esta vez, según nos cuenta Plutarco, un concurso de beber sin moderación, con una corona como premio para el vencedor. Éste ingirió cerca de trece litros de vino y falleció al tercer día de recibir el premio. Durante el certamen, murieron 41 participantes por efectos de la embriaguez.

En Susa realiza el rey una de sus acciones más conocidas en el proceso de fusión de razas para crear un estado único. Se trata de las «bodas de Susa», celebradas según el ritual persa, durante las que él mismo contrae matrimonio con Estatira (Barsine), la hija de Darío III, y con Parisatis, hija de Artajerjes III (sin repudiar a Roxana).

Obliga, además, a 80 nobles macedonios a hacer lo mismo con otras tantas jóvenes nobles persas, entre los que figuran Hefestión (con Dripetis, otra hija de Darío [quería introducir en su familia a los hijos de su amigo]), Crátero (con Amastrines, sobrina de Darío), Pérdicas, Ptolomeo, Eumenes, Nearco, Seleúco, etc. (con hijas de sátrapas y otros miembros de la alta nobleza persa). A todas las dotó él.

Confecciona un listado de los soldados que han contraído matrimonio con mujeres asiáticas (resultando unos 10.000) y les hace un regalo de bodas. Liquida las deudas contraídas por sus soldados, en un monto total, según casi todas las fuentes, de 10.000 talentos (Arriano lo cifra en 20.000).

Reparte premios y condecoraciones a los personajes más destacados (coronas de oro para Peucestas y Leonnato, que le salvaron la vida, y para Nearco y Onesícrito, por su periplo, así como para los miembros de su guardia de corps).

En un edicto enviado a la Hélade, para ser leído a todos los griegos en los Juegos Olímpicos, en agosto de 324 a.C., se proclama «Rey de los macedonios, Hegemón de los griegos y Rey de Asia» y exige el final de las tiranías y el regreso de todos los desterrados a sus ciudades (excepto los sacrílegos).

Antípatro recibe órdenes expresas del rey de hacer cumplir estas disposiciones, ante la previsible resistencia de los atenienses. Posteriormente exigirá que se lo llame «Hijo de Amón» y se le tributen honores divinos (lo que provocará el sarcasmo de Demóstenes, que propone llamarle «Rey Alejandro, Dios invencible»).

En el verano de 324 a.C. llegan a Susa, procedentes de las ciudades fundadas, los jóvenes indígenas (unos 30.000) que

Alejandro piensa incorporar a su ejército en sustitución de los desmovilizados. Van armados a la europea y son parte del proceso de fusión de razas.

Se les incluye entre las tropas macedonias, incluidas las de élite y se crea una quinta hiparquía de caballería, constituida, mayoritariamente, por asiáticos. Se dan nombres macedonios (como argiráspides, peceteroi o hetairoi) a unidades persas, etc. Todo ello provoca un tremendo malestar entre los macedonios, que empiezan a ver al rey como un autócrata oriental.

En septiembre de 324 a.C. el rey ordena a Hefestión partir con la mayor parte del ejército, en buena parte asiático, hacia el golfo Pérsico, mientras él, con la flota, baja por el río Kharum hasta el mar. Quería ver las desembocaduras del Tigris y el Éufrates, como había visto las del Nilo e Indo.

Tras navegar por el golfo Pérsico, donde construyó una ciudad portuaria, Alejandría Susiana (cerca de la actual Abadán) remontó el Tigris (más apto para la navegación, por estar menos expoliado por los regadíos, que el Éufrates) y llegó al campamento, donde se reunió con Hefestión.

Destruyendo las presas construidas por los persas en el río, para evitar una invasión naval de Mesopotamia (defensas que consideraba incompatibles con el valor), remontó su curso con el ejército hasta llegar a la ciudad de Opis (30 km al sur de la actual Bagdad).

En esta ciudad, Alejandro licencia a los más veteranos y mutilados, con la intención de hacerles volver a Grecia, prometiéndoles una recompensa que sería la envidia de sus conciudadanos y el deseo de otros de seguirle en nuevas campañas.

Los soldados creen que el rey pretende sustituirlos por los asiáticos y se amotinan. Piden todos el licenciamiento, diciendo al rey que la próxima campaña la realice con su padre «Amón».

Presa de la indignación, Alejandro señala personalmente a los trece que le parecen los cabecillas y ordena su arresto y ejecución (serán arrojados encadenados al río) y, a continuación, las fuentes nos transmiten un discurso, sin duda retórico, en el que el rey hace recuento de cómo estaban antes de Filipo y

185

cómo están ahora y les dice que se vayan, que los sustituirá por bárbaros.

Los soldados, entonces, cambiaron de actitud y suplicaron el perdón real, alegando que, simplemente, sentían envidia de los honores concedidos a los bárbaros. La reconciliación se sella con un banquete en el que los macedonios se sientan en los lugares más próximos al rey, más alejados los persas y, finalmente, el resto de las nacionalidades del imperio.

Los que voluntariamente quisieron, por edad, mutilación o cualquier otra razón, fueron licenciados con su paga íntegra (incluida la del tiempo del viaje hasta Grecia) más un talento per cápita y enviados de vuelta a la patria, bajo el mando de Crátero (asistido por Poliperconte), que sucedería a Antípatro como su regente de Macedonia y su representante en la dirección de la Liga de Corinto.

Este último debía, a su vez, traer a Asia nuevas levas militares en sustitución de los veteranos desmovilizados. La reclamación que Alejandro hace del viejo general se entiende como un intento de separarlo de Olimpia, con quien estaba enfrentado, o bien como la sustitución de la vieja forma de gobernar (excesivamente oligárquica), representada en él, por la nueva, representada en Crátero.

Mientras tanto, Alejandro parte hacia el este y se dirige a Ecbatana (Hamadan), la capital de Media, donde da descanso a sus hombres, realiza sacrificios y juegos, recibe el homenaje de los medos y comprueba el estado de las finanzas, deterioradas por Cleandro y Sitalces (los sucesores de Parmenión), así como la lealtad del sátrapa Atrópates.

En noviembre de 324 a.C., Hefestión enferma de gravedad y fallece. Alejandro resultó muy afectado. Permaneció tres días sin comer, se cortó el cabello sobre el cadáver de su amigo (emulando, nuevamente, a Aquiles a la muerte de Patroclo), declaró luto oficial en el imperio y decidió que su batallón de compañeros se siguiera llamando «de Hefestión».

Ordenó, también, a Deinócrates de Rodas (el arquitecto que levantó Alejandría de Egipto), construir una pira enorme en Babilonia, hasta donde envió el cadáver embalsamado, bajo la custodia de Pérdicas, organizó unas competiciones gimnásticas y musicales, con un número de participantes nunca visto, y consultó al oráculo de Amón si era pertinente tributar a Hefestión sacrificios de héroe o de dios.

Para mitigar el dolor se dedicó a la guerra. En el invierno de 324-23 a.C. desencadenó una terrible campaña contra los coseos, un pueblo de las montañas que vivía en aldeas fortaleza, vecino de los uxios y que, al igual que éstos (vencidos por el rey en la campaña de 330 a.C.), se dedica al bandidaje, cobrando un peaje, incluso, a los persas por el paso por sus tierras. Fueron aniquilados como si se tratara de un sacrificio a Hefestión.

De regreso hacia Babilonia, unos astrólogos le vaticinaron funestos presagios si entraba en la ciudad, por lo que acampó en Borsippa durante un tiempo. Recibió allí, durante la primavera de 323 a.C., embajadas procedentes de Grecia (incluida Atenas) y de los territorios de Asia con regalos de homenaje, y las fuentes antiguas insisten en añadir a ellas las de pueblos occidentales (cartagineses, iberos, celtas, itálicos y romanos), cuya autenticidad es bastante discutible.

Permaneció allí hasta que los filósofos le convencieron de la inutilidad de los presagios, dirigiéndose, entonces a Babilonia. En la ciudad construyó un enorme puerto fluvial y reunió una flota: en parte, la suya, traída por Nearco desde el golfo y, en parte, construida en Fenicia y transportada desmontada hasta el Éufrates y vuelta a ensamblar.

Incluía dos pentarremes, tres tetrarremes, doce trirremes y treinta triacónteras. Su objetivo era la circunnavegación de Arabia, en un intento de conectar el golfo Pérsico con el mar Rojo y, ambos, con el océano Índico.

Navega, otra vez, por el Éufrates realizando obras para regularizar el curso de la corriente, como controlar el aliviadero de éste en el Palacopas, evitando así que las crecidas incontroladas por el deshielo en las montañas de Armenia causaran inundaciones, a la vez que se dosificaba el caudal del Éufrates y no se perdían sus aguas.

Recibe los informes de los que había enviado a inspeccionar las costas de la península Arábiga y han encontrado islas aptas para ser colonizadas, como Tilo (Bahrein), ya que entraba en sus planes dominar todas las costas del golfo Pérsico, para abrir una ruta marítima permanente entre la India y el Mediterráneo, ahora que se había comprobado que el Pérsico era un golfo del océano Índico (había mandado construir unos astilleros en la actual Um Qasar).

Regresa, por fin, a Babilonia donde recibe a Peucestas que ha traído un ejército de 20.000 persas, a Filoxeno que ha traído el ejército, y Menandro con el de Lydia. Realiza los reajustes tácticos para crear la nueva falange macedonia. En cada columna de 16 hombres hay 4 macedonios (los puestos clave y con paga extra) y los 12 restantes son persas.

Se encarga también de llevar a cabo los funerales de Hefestión, cuyo cadáver, cubierto de incienso y perfumes y rodeado de trofeos, es incinerado en la pira de 180 m de lado en la base y 58 m de altura que mandó construir. Manda extender los fuegos sagrados (que sólo se hacía en caso de muerte del Gran Rey) y aplica la respuesta del oráculo de Amón (que acaba de llegar): a Hefestión le corresponden honras de Héroe. Ordena, así mismo, que se le construya un monumento en Egipto.

Los presagios que anuncian la muerte de Alejandro se agolpan sin cesar. A la despedida de Kálanos se une la muerte de Hefestión, la pérdida en el Éufrates de la diadema real, recuperada por un soldado que hubo de transportarla en la cabeza para poder nadar, el hecho de que, en un descuido, un prisionero se sentara en el trono, el león más grande que había criado resultó muerto por la coz de un asno, etc.

Tras un banquete celebrado en casa de uno de sus amigos, llamado Medeio, con participación de todos sus compañeros (excepto Iolas y Casandro, los hijos de Antípatro), que duró toda la noche y en el que se bebió en exceso, Alejandro se encontró aquejado de fiebre. Continuó, sin embargo, en los días siguientes, en los que ya no le abandonó la fiebre, realizando los sacrificios ordinarios y preparando la expedición a Arabia, pero su estado de salud empeoraba por días.

La evolución de su salud quedó reflejada en las *Efemérides Reales* redactadas por el canciller Eumenes y citadas como fuente por Arriano y Plutarco (seguramente Ptolomeo también las usó para sus memorias).

Se narra en ellas, día a día y a lo largo de doce, el progresivo empeoramiento del rey: la fiebre es cada vez más alta, pierde la voz, los soldados exigen verlo y pasan de uno en uno junto al lecho, los saluda levantando levemente la cabeza o moviendo los ojos, entrega a Pérdicas el anillo real (le confiere la dignidad de regente), a la pregunta de quién ha de sucederle responde en susurro: «el más capaz» (presagiando los futuros enfrentamientos entre sus generales), entra en coma, el oráculo dice que no sea trasladado.

El proceso culmina con su fallecimiento el 10 de junio de 323 a.C. a la edad de 32 años y 8 meses y tras 12 años y 8 meses de reinado.

La causa de su muerte parece coincidir con un acceso de malaria (al igual que en el caso de Hefestión), que habría desembocado en leucemia.

Sin embargo, ya desde la antigüedad se forjó la idea de un envenenamiento, que Arriano y Plutarco desechan como invención posterior atribuida (o, al menos, dispuesta a darle crédito) a Olimpia, quien (por su reconocida enemistad) fijaría su acusación en Antípatro y sus hijos: Iolas (escanciador del rey) y Casandro.

Curcio y Justino, por el contrario, sí dan crédito a esta versión y cuentan exactamente la historia que los anteriores rechazan: que Antípatro tenía miedo de haber sido llamado a Asia para seguir el camino de Parmenión, que Aristóteles, temiendo seguir el camino de Calístenes, le consiguió un veneno, que Casandro llevó a Babilonia y que Iolas le administró.

La investigación moderna, en general, se muestra partidaria de la teoría de la muerte natural, causada por el camino abonado a la enfermedad por el agotamiento, las heridas recibidas y los excesos cometidos.

Roxana había quedado embarazada del que sería Alejandro IV, compartiendo el trono con Filipo III (Arrideo, el hermano sanguíneo de Alejandro) y Pérdicas queda como regente y garante de los derechos de ambos.

El cadáver de Alejandro fue trasladado a Egipto en 321 a.C. por orden de Filipo III y, posteriormente, Ptolomeo le haría edificar un magnífico mausoleo en Alejandría, donde sería venerado en la antigüedad por César y Augusto, entre otros.

Comienza una época terrible de asesinatos y ajustes de cuentas. Roxana asesina a Estatira, la hija de Darío y esposa de Alejandro, y Olimpia se deshace de Filipo III y su esposa Eurídice, así como de numerosos amigos de Casandro.

Tras la derrota de Pérdicas, comienzan las luchas entre los generales (los Diádocos) por hacerse con un trozo de imperio. Antípatro se hace con Macedonia y, tras su muerte, su hijo Casandro asesina a Olimpia, a Roxana y a Alejandro IV, mientras que Herakles (hijo de Alejandro y una concubina) será asesinado por Poliperconte.

La desaparición de la familia real legitima las aspiraciones de los Diádocos, quienes, tras una serie de guerras ininterrumpidas durante 44 años, darán origen a tres grandes reinos a los que conocemos como helenísticos: Macedonia (bajo la dinastía Antigónida), Egipto (bajo la dinastía Lágida) y Siria (bajo la dinastía Seléucida), a los que se añadirá, posteriormente, un cuarto: Pérgamo (bajo la dinastía Atálida).

El destino final de todos ellos será convertirse, consecutivamente, en provincias del Estado Romano.

CRONOLOGÍA

356 a.C.	— Octubre. Nacimiento de Alejandro en Aigeai (Vergina).
338 a.C.	— Agosto. Batalla de Queronea.
336 a.C.	— Agosto. Asesinato de Filipo II.
335 a.C.	— Campañas del Danubio, Iliria y Beocia.
334 a.C.	— Mayo. Batalla del Gránico.
333 a.C.	— Noviembre. Batalla de Issos.
332 a.C.	— Enero-agosto. Asedio de Tiro.
331 a.C.	— Enero. Fundación de Alejandría del Nilo.
331 a.C.	— Febrero. Visita al oasis de Siwah.
331 a.C.	— Octubre. Batalla de Gaugamela.
331 a.C.	— Noviembre. Entrada de Alejandro en Babilonia.
331 a.C.	— Diciembre. Entrada del ejército macedonio en Susa.
330 a.C.	— Abril. Incendio de los palacios de Persépolis.
330 a.C.	— Julio. Asesinato de Darío III por Bessos.
330 a.C.	— Julio-diciembre. Campañas de Hyrcania, Aria y Aracosia.
330 a.C.	— Noviembre. Ejecución de Filotas y asesinato de Parmenión.
329-28 a.C.	— Campañas de Bactriana y Sogdiana. Captura de Bessos.
328 a.C.	— Otoño. Asesinato de Clitos el Negro por Alejandro en Maracanda.
327 a.C.	— Invierno. Introducción de la proskynesis. Conjura de los pajes y eliminación de Calístenes.
327-25 a.C.	— Campañas de la India.

326 a.C.	— Junio. Batalla del Hidaspes (Jhelum), cerca de Djalalpur.
326 a.C.	— Agosto. Las tropas se niegan a continuar más allá del Hífasis.
326 a.C.	— Noviembre. Comienza el regreso hacia Mesopotamia.
325 a.C.	— Septiembre-Noviembre. Travesía del desierto de Gedrosia.
325 a.C.	— Noviembre. Llegada a Pura, capital de Gedrosia.
324 a.C.	— Marzo. Llegada a Susa. Huida de Hárpalo con el tesoro real. Suicidio de Kálanos. Bodas de Susa.
324 a.C.	— Agosto. Proclamación de Alejandro en los Juegos Olímpicos: «Rey de los macedonios, Hegemón de los griegos y Rey de Asia».
324 a.C.	— Septiembre. Motín de las tropas y reconciliación en Opis.
324 a.C.	— Noviembre. Muerte de Hefestión en Ecbatana.
323 a.C.	— Junio. Muerte de Alejandro en Babilonia.

BIBLIOGRAFÍA

ADCOCK, F. E.: *The Greek and Macedonian Art of War*, Berkeley, 1957.
ANDRONIKOS, M. Vergina: *The royal tombs,* Atenas, 1992.
BADI, A. M.: *Les Grecs et les Barbares,* París-Lausana, 1963.
BADIAN, E.: «Alexander the Great and the Unity of Mankind». *Historia, 7*, 1958.
—«Alexandre the Great, 1948-1967», *The Classical World*, t. 65, 1971.
—«Orientals in Alexander's Army», *Journ. of Hell. Stud.*, 85, 1965.
—«The Death of Philip II», *Phoenix*, 1963.
BALSDON, J. P. V. D.: «The Divinity of Alexander,» *Historia,* 1, 1950.
BAMM. P.: *Alexander oder die Verwandlung der Welt*, Zurich, 1965.
BENOIST-MÉCHIN, J.: *Alexandre le Grand ou le rêve dépassé*, Lausana, 1964.
BENOIST-MÉCHIN, J. et al.: *Alexandre le Grand,* París, 1962.
BICKERMANN, E.: «Alexandre le Grand et les villes d'Asie», *Rev. des et. grec.*, 72, 1968.
BORZA, E. N.: «Alexander and the return from Sivah», *Historia,* 16, 1967.
—«Fire from heaven: Alexander at Persepolis», *Class. Philol.*, 1972.
BOSWORTH, J. M.: *Conquest and Empire,* Cambridge, 1988.
—*From Arrian to Alexander,* Oxford, 1988.
BRIANT, P.: *Alexandre le Grand,* París, 1974.
BRIANT, P. y LERICHE, P.: «Alexandre le Grand dégagé de l'historie conventionnelle», *Les dossiers de l'arqueologie,* 5, París, 1974.

BRÖCKER, M.: *Aristoteles als Alexandres Lehrer in der Legende*, Bonn, 1966.
BRUNT, P. A.: «Alexander's Macedonian Cavalry», *Jour. of Hell. Stud.*, 83, 1963.
BURSTEIN, S. M.: «Alexander, Callisthenes and the sources of the Nile», *Gre., Rom. And Byz. Stud.*, 17, 1976.
CASSON, L.: *Ships and Seamanship in the ancient World,* Princeton, 1971.
DASKALAKIS, A. B.: *Ho Mégas Alexandros kai ho Hellènismos*, Atenas, 1963.
—*The mechanical technology of Greek and Roman Antiquity,* Copenhague, 1963.
ENGELS, D. W.: *Alexander the Great and the Logistics of the Macedonian Army*, Berkeley, 1978.
FOX, R. L.: *Alexander the Great*, Londres, 1973.
GAFOUROF, B. y TSIBOUKIDIS, D.: *Alexander Makedonskie i Vostok*, Moscú, 1980.
GOUKOWSKY, P.: *Alexandre et la Conquête de l'Orient (336-323)*, París, 1975.
—*Alexandre le Grand, image et réalité*, R.E.G., 1977.
—*Essai sur les origines du mythe d'Alexandre (336-270 av. J.C.)*, Nancy, 1978.
—*Recherches récentes sur Alexandre le Grand (1978-1982)*, R. E. G., 1983.
GREEN, P.: *Alexander the Great*, Londres, 1970
GRIFFITH, G. T.: *Alexander the Great. The main problems*, Cambridge, 1966.
HAMILTON, J. R.: *Alexander the Great*, Londres, 1973.
—«The Cavalry Battle at the Hidaspes», *Jour. of Hell. Stud.*, 86, 1956.
HAMMOND, N. G. L.: *Alexander the Great, King, Commonader and Statesman*, Londres, 1981.
—*Sources for Alexander the Great*, Cambridge, 1993.
HECKEL, W.: «The Conspiracy against Philotas», *Phoenix*, 31, 1977.
—«The last days and Testament of Alexander the Great», *Historia,* 56, 1988.

—«Alexander at the Persian Gates», *Athenaeum*, 58, 1980.
HUTZEL, S. T.: *From Gedrosia to Babylon*, Tes. Doct., Indiana, 1974.
JONGKEES, J. H.: «A portrait of Alexander the Great», *Bull. Van de Vereeniging*, 29, 1954.
KANELLOPOULOS, P. et al.: *Megas Alexandros*, p. 336-323, Kh. Atenas.
KRAFT, K.: «Der "rationale" Alexander», *Frankfurter Althistorische Studien*, 5, 1971.
LEVEQUE, P.: *La guerre à l'époque hellénistique*, París, 1968.
LEVI, M. A.: *Alessandro Magno*, Milán, 1977.
—*Introduzione ad Alessandro Magno*, Milán, 1977.
LIDA, M. R.: *La leyenda de Alejandro en la literatura medieval*, Barcelona, 1962.
MARSDEN, E. W.: *Greek and Roma Artillery*, Oxford, 1969.
—*The Campaing of Gaugamela*, Liverpool, 1964.
MILNS, R. D.: *Alexander the Great*, Londres, 1968.
MURISON, C. L.: «Darius III and the Battle of Issus», *Historia*, 21, 1972.
PARKE, H. W.: *Greek Mercenary Soldiers*, Oxford, 1970.
PEARSON, L.: *The lost Histories of Alexander the Great*, Providence, 1963.
PÉDECH, P.: *Historiens Compagnons d'Alexandre*, París, 1984.
SARANTIS, TH.: *Ho Megas Alexandros: apo ten historia heos ton thrylo*, Atenas, 1970.
SCULLARD, H. H.: *The Elephant in the Greek and Roman World*, Londres, 1974.
SCHACHERMEYR, F.: *Alexandre der Grosse: das Problem seiner Persönlichkeit und seines Wirkens*, Viena, 1973.
SEIBERT, J.: «Alexander der Grosse, Erträge der Forschung», *Bd 10*, Darmstadt, 1972.
TAYLOR, L. R.: «The proskynesis and the hellenistic ruler culte», *Jour. of Hell. Stud.*, 1972.
WHEELER, M.: *Flames over Persepolis*, Londres, 1968.
WILL, E.: *Le Monde grec et l'Orient*, París, 1975.
WOODCOCK, G.: *The Greeks in India*, Londres, 1966.

Sarcófago de Alejandro Magno, año 325 a.C., Museo Arqueológico de Estambul.

ÍNDICE

I.	Fuentes	7
II.	La Macedonia prealejandrina	17
III.	Los predecesores de Alejandro	21
IV.	Infancia y adolescencia	31
V.	Persia	43
VI.	La creación del Imperio	45
VII.	La organización del Imperio	49
VIII.	Las Guerras Médicas	53
IX.	Decadencia del Imperio	59
X.	La campaña de Asia Menor: Preparación de la expedición	63
XI.	La batalla del Gránico	69
XII.	La conquista de la costa	75
XIII.	La conquista de Anatolia	81
XIV.	La campaña de Siria y Egipto: La batalla de Issos	89
XV.	El asedio de Tiro	101
XVI.	El asedio de Gaza y la marcha a Egipto	111
XVII.	Egipto	117
XVIII.	Mesopotamia y Persia: la batalla de Gaugamela	121
XIX.	Muerte de Darío	137
XX.	La campaña del Turquestán y la India: La conspiración de Filotas	145
XXI.	La captura de Bessos	149
XXII.	El asesinato de Clitos y la conjura de los pajes	157
XXIII.	La campaña del Indo	161

197

XXIV.	La batalla del Hidaspes	165
XXV.	Nuevas fundaciones de ciudades	169
XXVI.	El regreso	173
XXVIII.	El desierto de Gedrosia	179
XXVIII.	Los últimos días	183
Cronología		191
Bibliografía		193